사랑하는 가족에게

사랑하는 가족에게

지은이 · 하용조
초판 발행 · 2016. 7. 25
5쇄 발행 · 2021. 5. 7
등록번호 · 제1988-000080호
등록된 곳 · 서울특별시 용산구 서빙고로 65길 38
발행처 · 사단법인 두란노서원
영업부 · 2078-3352   FAX · 080-749-3705
출판부 · 2078-3331

책값은 뒤표지에 있습니다.
ISBN 978-89-531-2584-1 03230

독자의 의견을 기다립니다.
tpress@duranno.com   www.duranno.com

두란노서원은 바울 사도가 3차 전도여행 때 에베소에서 성령 받은 제자들을 따로 세워 하나님의 말씀으로 양육하던 장소입니다. 사도행전 19장 8-20절의 정신에 따라 첫째 목회자를 돕는 사역과 평신도를 훈련시키는 사역, 둘째 세계선교(TIM)와 문서선교(단행본·잡지) 사역, 셋째 예수문화 및 경배와 찬양 사역, 그리고 가정·상담 사역 등을 감당하고 있습니다. 1980년 12월 22일에 창립된 두란노서원은 주님 오실 때까지 이 사역들을 계속할 것입니다.

사랑하는 가족에게

하용조

두란노

차례

사랑하는
가족에 대한
꿈이 있습니까?

가정의 기본적인 구성 요소는 부부, 부모와 자녀입니다. 그중에
서 가장 중요한 두 기둥은 남편과 아내입니다. 남편과 아내의 관
계가 바로 서면 부모와 자녀가 잘 연결됩니다. 반면에 부부 관계
가 힘들면 부모와 자녀의 관계도 어려움을 겪게 됩니다.

잠언 31장에는 현숙한 아내에 대한 이야기가 기록되어 있습니
다. 아내가 하나님을 경외함으로 바로 설 때 가정에 얼마나 큰
복이 임하는지 알 수 있습니다. "누가 현숙한 여인을 찾아 얻겠
느냐 그의 값은 진주보다 더하니라…고운 것도 거짓되고 아름
다운 것도 헛되나 오직 여호와를 경외하는 여자는 칭찬을 받을
것이라 그 손의 열매가 그에게로 돌아갈 것이요 그 행한 일로 말

미암아 성문에서 칭찬을 받으리라"(잠 31:10-31).

아내들이여, 모두 다 현숙한 아내가 되기를 바랍니다. 그런 자의 남편은 장로들과 함께 성문에 앉아 사람들의 인정을 받을 것이며, 자기 아내를 칭찬할 것입니다. 여자가 변하면 가정이 변하고, 남자가 변하면 세상이 변합니다.

시편 128편 1-6절은 이렇게 말합니다. "여호와를 경외하며 그의 길을 걷는 자마다 복이 있도다 네가 네 손이 수고한 대로 먹을 것이라 네가 복되고 형통하리로다 네 집 안방에 있는 네 아내는 결실한 포도나무 같으며 네 식탁에 둘러앉은 자식들은 어린 감람나무 같으리로다 여호와를 경외하는 자는 이같이 복을 얻으리로다 여호와께서 시온에서 네게 복을 주실지어다 너는 평생에 예루살렘의 번영을 보며 네 자식의 자식을 볼지어다 이스라엘에게 평강이 있을지로다.”

시편 기자는 “네 아내는 포도나무와 같고, 네 자식은 감람나무와 같다”고 말합니다. 하나님을 경외하는 행복하고 아름다운 가정의 모습을 그리고 있습니다.

시편 기자의 고백처럼 모든 아내들과 남편들은 자신이 어떤 아내, 어떤 남편이 될 것인지에 대한 이상이 있어야 합니다. “10년 후에 나는 어떤 아내, 어떤 남편이 되어 있을 것인가? 우리 가정은 어떤 모습일까? 우리 자녀들은 어떻게 될 것인가?” 이와 같은 구체적인 꿈을 꾸어야 합니다. "나는 이런 남편이 되겠다", "나는 이런 아내가 되겠다", "나는 이런 부모가 되겠다"라는 이상은 매우 중요합니다.

우리 가정이 하나님 앞에서 어떤 가정이 되기를 원하는지 함께 꿈꿔 보십시오. 이상을 나눠 보십시오. 어떤 남편, 어떤 아내, 어떤 부모와 자녀가 되기를 원하는지 이야기해 보십시오. 그리고 함께 기도하고 노력해 나가십시오. 사랑하는 가족을 향한 하나님의 마음을 알아 가십시오. 그리고 우리 가족을 향한 하나님의 꿈을 이뤄 드리십시오.

그리스도를 경외함으로 피차 복종하라 아내들이여 자기 남편에게 복종하기를 주께 하듯 하라 이는 남편이 아내의 머리 됨이 그리스도께서 교회의 머리 됨과 같음이니 그가 바로 몸의 구주시니라 그러므로 교회가 그리스도에게 하듯 아내들도 범사에 자기 남편에게 복종할지니라 남편들아 아내 사랑하기를 그리스도께서 교회를 사랑하시고 그 교회를 위하여 자신을 주심같이 하라…사람이 부모를 떠나 그의 아내와 합하여 그 둘이 한 육체가 될지니 이 비밀이 크도다 나는 그리스도와 교회에 대하여 말하노라 그러나 너희도 각각 자기의 아내 사랑하기를 자신같이 하고 아내도 자기 남편을 존경하라

엡 5:21-33

1
믿음의
가정을 꿈꾸는
부부에게

믿음의 가정을 위한 부부 계명

우리의 가정을 어떻게 하면 에덴동산처럼 만들 수 있을까요? 하나님이 의도하신 복된 가정이 되기 위해서는 어떻게 해야 할까요? 이 질문들에 대한 답이 에베소서 5장에 나옵니다. "술 취하지 말라 이는 방탕한 것이니 오직 성령으로 충만함을 받으라"(18절). 성령으로 충만한 가정이 핵심입니다.

우리는 "성령 충만한 가정이 되게 해 주세요. 성령 충만한 남편, 성령 충만한 아내, 성령 충만한 부모, 성령 충만한 자녀가 되게 해 주세요"라고 기도해야 합니다. 만약 이 기도 제목이 오늘 우리에게 이루어지기만 한다면, 앞으로 일어나는 모든 문제는 저절로 해결됩니다. 현관문을 열고 집에 들어가면 안방과 건넌방에도 들어갈 수 있듯이, 성령 충만하면 나머지 문제들은 술술 풀리게 마련입니다.

'부부 싸움을 했는데 어떻게 다시 하나 될 수 있을까?'

'부부 사이에 잃어버린 대화를 어떻게 회복할 수 있을까?'

혹시 이런 걱정을 하고 있나요? 걱정 마십시오. 그런 일은 노력하면 할수록, 애쓰면 애쓸수록 잘 안 됩니다. 자존심이 나오고, 지나간 날의 상처가 나오고, 자기의 가치관이 나오고, 고집이 나오기 때문입니다. 그렇게 해서는 절대로 서로 맞출 수가 없습니다. 누구나 다 자기 생각이 있는데, 그 생각을 고친다는 것은 결코 쉬운 일이 아닙니다.

중요한 것은 '변화'와 '성숙'입니다. 그런데 이 말은 멋있기만 하지, 실제로 변화되기란 죽을 맛입니다. 변화하려면 힘이 있어야 합니다. 순종하고 싶지 않은 사람이 어디 있겠습니까? 순종이 안 되니까 문제입니다. 사랑하고 싶지 않은 사람이 어디 있겠습니까? 사랑이 안 되니까 문제인 것이지요. 내 힘으로 순종이 안 되고, 내 힘으로 사랑이 안 되니까 힘들고 어려운 것입니다.

무엇이 우리로 하여금 순종하고 사랑하게 합니까? 그것은 바로 성령 충만입니다. 행복한 가정의 원리는 성령 충만인 것입니다. 순종의 원리도 성령 충만이요, 사랑의 원리도 성령 충만입니다. 성령 충만하면 모든 일이 다 이루어지는 줄로 믿습니다.

에베소서는 우리에게 "술 취하지 말라"고 명령합니다. 이 말은 성령 충만의 반대가 돈에 취하고, 술에 취하고, 성공에 취하고, 인기에 취한 것이라는 뜻입니다. 우리는 술에 취하지 말아야 합니다. 성공에도, 인기에도 취해서는 안 됩니다. 다른 말로도 얼마든지 바꿀 수 있습니다. 우리가 너무 성령 아닌 것을 인생의 목적으로 세워 놓았기 때문에 자꾸 부딪치는 것입니다. 우리는 이 사실을 알아야 합니다.

그렇다면 성령 충만하면 어떤 일이 일어날까요? 에베소서 5장에 의하면, 세 가지 현상이 나타납니다.

첫째, 19절은 "시와 찬송과 신령한 노래들로 서로 화답하며"라고 말합니다. 즉 성령 충만하면 찬송이 나옵니다. 성령 충만하면 시와 찬송과 신령한 노래가 입에서 자꾸 흘러나옵니다. 무엇보다 마음이 즐거워야 합니다. 마음이 기뻐야 가정이든 일이든 잘되는 법이지요.

둘째, 성령 충만하면 감사가 나옵니다. 20절은 "범사에 우리 주 예수 그리스도의 이름으로 항상 아버지 하나님께 감사하며"라고 말합니다.

셋째는 "그리스도를 경외함으로 피차 복종하라"라는 21절 말씀에서 찾아볼 수 있습니다. 성령 충만하면 순종하게 됩니다. 순종은 아내만의 몫이 아닙니다. 남편과 아내 피차 복종해야 하는 것입니다.

찬송, 감사, 순종이라는 성령 충만의 세 가지 열매를 삶에 지니게 되면 누구를 만나든, 어떤 일을 하든, 어떤 상황에 있든 천국을 이룰 수 있습니다.

우리는 에베소서 5장 22절, "아내들이여 자기 남편에게 복종하기를 주께 하듯 하라"는 말씀에서 순종의 정의를 찾아볼 수 있습니다. 순종이란 '주께 하듯' 하는 것입니다. 우리 주님께 하듯 상대방을 대하는 것이지요. 왜 순종하기가 어렵습니까? 내가 내 기준으로, 내 방법으로 하려고 하기 때문입니다. 인간은 참 오만해서 순종을 해도 자기 마음대로 하려고 합니다. 그것은 순종이 아닙니다.

그러다가 사랑도 내 식대로 되지 않으면 화를 내지요. 그것은 사랑이 아니요, 순종도 아닙니다. 내 식으로 순종하고, 사랑하겠다는 고집에 불과한 것입니다. 그래서 내 사랑은 자꾸 깨지고, 내 순종은 쌍심지를 세우게 합니다. 내 식으로 하니까 될 리가 없습니다. 그러니 순종하고 싶다면 내 방법을 포기하고, 상대방이 원하는 대로 해 주십시오. 주께 하듯 하십시오.

예배당에 들어올 때 어떤 사람은 꼭 이 문으로만 들어옵니다. 저 문으로는 절대 안 들어옵니다. 어떤 사람은 1년 내내 꼭 저 문으로만 들어옵니다. 다 자기 식인 것이지요.

언젠가 교회에서 한 장로님이 성경 공부를 인도하는데, 이상하게도 참석하는 사람마다 자기 자리에 앉지 못하면 은혜를 못 받았습니다. 그래서 누가 자기 자리에 앉아 있으면 화가 잔뜩 나서는 나가라고 했습니다. 자리도 익숙한 곳이 있어서 꼭 그 자리에 앉아야만 마음이 안정된다고 합니다.

그래서 제가 "장로님들이 움직입시다"라고 제안했습니다. 왜냐하면 교인들은 안 움직이니까, 앉은 자리에만 계속 앉으니까 장로님들이 움직여야 교인들을 알 수 있지 않겠습니까. 예배를 드려도 꼭 자기가 정해 놓은 자리에 앉아서 드리려는 고집, 내 식대로 하려는 마음, 이것이 우리 인간의 본성입니다.

참 재미있는 것은, 에베소서 말씀이 남편과 그리스도를 연결시키고, 교회와 아내를 연결시켜서 이야기하고 있다는 것입니다. "이는 남편이 아내의 머리 됨이 그리스도께서 교회의 머리 됨과 같음이니 그가 바로 몸의 구주시니라"(엡 5:23). 이것은 남편은 그리스도적인 의미가 있다는 뜻입니다. 즉 모든 아내들은 예수님 같은 남편과 산다는 것이지요. 하나님이 아내들에게 이런 영광을 주셨습니다. 비록 남편이 예수님 같지 않아서 문제이긴 하지만, 그래도 남편은 예수님 같습니다. 그렇게 생각하고 섬기십시오.

남편은 예수님 같은 존재입니다. 그 정도로 하나님이 남편을 높이 평가하시는 것입니다. 그런데 보통 세상 남편들은 어떻습니까? 매일 술 먹고 들어오고, 소리 지르고, "밥 가져와라", "물 떠 와라" 합니다. 남편들은 꼭 기억하시기 바랍니다. 예수님은 아내들에게 남편을 대할 때 예수께 하듯 하라고 하셨습니다. 그 말은 곧 "남편들이여, 가정에서 예수님같이 살아라", 이 말입니다. 그러니 남편들은 괜히 좋아할 필요가 없습니다.

또한 아내는 교회와 같습니다. "그러므로 교회가 그리스도에게 하듯 아내들도 범사에 자기 남편에게 복종할지니라"(엡 5:24). 다소 조심스럽기는 하지만 아내들이여, 남편에게 "당신은 예수님 같은 사람입니다"라고 말해 보십시오. 생각해 보면 이것은 참 무서운 소리입니다. 남편들 기 죽이는 말입니다. "내가 당신을 예수님인 줄 알고 섬기겠습니다." 이 말은 한편으로 두렵습니다. 하나님이 우리 가정을 하숙집이 아니라 교회만큼, 천국만큼 높이 생각하셔서 그처럼 높은 기준을 만들어 주신 것입니다.

두 가지만 기억합시다. 남편은 예수님 같고, 아내는 교회 같은 것, 이것이 바로 가정입니다. 교회가 예수님께 순종하듯, 아내는 남편에게 사랑과 존경과 애정과 순종을 바쳐야 합니다. 남편은 예수님이 십자가에 못 박혀 자기 몸을 찢어서 죽은 것처럼 교회인 아내를 사랑해야 합니다. 예수님은 피를 쏟으면서, 자기 살을 찢으면서까지 우리를 사랑하셨습니다. 사랑은 피를 흘려야 합니다. 남편들이여, 피 흘리도록 아내를 사랑하십시오.

성경은 아내와 남편의 관계를 최고의 비유를 들어 설명하고 있습니다. "그러므로 사람이 부모를 떠나 그의 아내와 합하여 그 둘이 한 육체가 될지니 이 비밀이 크도다"(엡 5:31-32). "이것은 비밀이다. 이 비밀이 크도다!"라고 이야기합니다. 남자와 여자가 부모를 떠나 한 몸을 이루는 것은 상상할 수 없는 비밀에 속한 것입니다.

그렇다면 사랑한다는 것이 무엇입니까? "이와 같이 남편들도 자기 아내 사랑하기를 자기 자신과 같이 할지니 자기 아내를 사랑하는 자는 자기를 사랑하는 것이라"(엡 5:28). 여기 사랑의 기준이 하나 있습니다. '자기 자신과 같이'입니다. '자기 사랑'은 '아내 사랑'과 동의어입니다.

왜 남편들이 아내에게 화를 냅니까? 자기 사랑과 아내 사랑을 구분하기 때문입니다. 성경은 "네 아내를 네 몸같이 사랑하라"고 말하는데, 자기 사랑이 아내 사랑 위에 있기 때문이지요. 자기만 중요하고, 아내는 희생물로 생각하는 것입니다. 아내를 자기 사랑의 부속물로, 수단으로 여기는 것입니다. 아내는 결코 자녀를 낳기 위한 수단이 아니요, 남편을 성공시키기 위한 도구가 아닙니다. 아내는 남편과 동일한 인격체입니다.

한 장로님이 늘 하시는 말씀이 있습니다. "당신이 아내를 식모처럼 대한다면 당신은 누구와 사는 것입니까? 그러니 불행할 수밖에 없습니다. 만약 당신이 아내를 여왕처럼 대한다면 당신은 누구와 사는 것입니까? 그러니 행복할 수밖에 없습니다."

내가 상대방을 누구로, 어떻게 생각하고 대하느냐가 내 인격을 결정합니다. 내가 만나는 사람에게 욕을 하면 내 인격에 욕을 하는 것입니다. 내가 만나는 사람을 존경하면 내 인격이 존경스러워지는 것이지요. 그러니 남편들은 아내를 내 몸같이 사랑해야 합니다.

에베소서 5장 26-27절 말씀은 이해하기가 좀 어렵습니다. 이해를 돕기 위해 자세히 풀어 보겠습니다. "이는 곧 물로 씻어 말씀으로 깨끗하게 하사 거룩하게 하시고 자기 앞에 영광스러운 교회로 세우사 티나 주름 잡힌 것이나 이런 것들이 없이 거룩하고 흠이 없게 하려 하심이라."

이 말씀에 앞선 25절은 "남편들아 아내 사랑하기를 그리스도께서 교회를 사랑하시고 그 교회를 위하여 자신을 주심같이 하라"고 말합니다. 그리고 이어지는 26절의 첫 단어가 "이는"입니다. 이것은 '그리스도께서 교회를 이렇게 사랑하신 까닭은'으로 해석하면 됩니다. "곧 물로" 이하의 말씀은 '교회를 물로 씻고 말씀으로 깨끗하게 하여 거룩하게 하시고, 얼룩이나 주름이나 그 밖의 결점이 없이 거룩하고 흠이 없게 하여 영광스럽게 세우시기 위함이다'라고 해석하면 쉽습니다.

다시 말해, 남편은 하나님이 교회에게 하신 것처럼, 즉 교회를 물로 씻어 거룩하고 깨끗하게 하시고, 자기 앞에 영광스럽게 세우시고, 티나 주름 잡힌 것이나 결점이 없이 만드신 것처럼 자기 아내를 대하라는 것입니다. 한마디로, 하나님이 아내를 정말 귀한 존재로 만드신 것입니다.

예를 들어 아내가 머리를 하러 가격이 저렴한 미용실로만 가려고 하면, "그러지 말고 좋은 데 가"라고 말하십시오. 아내가 옷을 사러 품질보다는 가격이 저렴한 곳으로만 가려고 하면, "그러지 말고 좋은 데 가" 하십시오. 그런데 실제로 남편들은 아내를 최고급으로 대해 주지를 않습니다. 그것이 결국은 자기한테 하는 것인지도 모르고 말이지요.

저는 여기서 아내를 돈만 비싼 미용실에 보내라는 뜻으로 하는 말이 아닙니다. 아내를 그만큼 귀하게 여기라는 것이지요. 왜냐하면 예수님이 교회를 고귀하게 대하셨기 때문입니다.

제가 제일 어려워하는 것 중에 하나가 쇼핑하는 아내를 따라다니는 것입니다. 그 일은 제게 큰 인내를 요구합니다. 저는 하나를 집으면 끝이고, 비교하고 사는 성격이 못 됩니다. 그런데 아내에게 선물을 사다 안기는 것보다 중요한 것은 쇼핑이 끝날 때까지 인내하고 기다려 주는 것이더군요.

남편들이여, 아내를 위해 인내합시다. 왜냐하면 예수님이 교회를 위해서 끝까지 인내하셨기 때문입니다. 예수님이 교회를 위해서 안 하신 일이 없지 않습니까.

정말 중요한 것 한 가지만 기억합시다. 무엇보다 성령 충만을 구합시다. 그리고 사랑과 순종이 가장 중요한 단어임을 반드시 기억합시다.

무엇이 우리로 하여금 순종하고 사랑하게 합니까? 그것은

바로 성령 충만입니다. 행복한 가정의 원리는 성령 충만인

것입니다. 순종의 원리도 성령 충만이요, 사랑의 원리도

성령 충만입니다. 성령 충만하면 모든 일이 다 이루어지는

줄로 믿습니다.

남편은 예수님 같고, 아내는 교회 같은 것, 이것이 바로 가정입니다. 교회가 예수님께 순종하듯, 아내는 남편에게 사랑과 존경과 애정과 순종을 바쳐야 합니다. 남편은 예수님이 십자가에 못 박혀 자기 몸을 찢어서 죽은 것처럼 교회인 아내를 사랑해야 합니다.

아내들아 이와 같이 자기 남편에게 순종하라 이는 혹 말씀을 순종하지 않는 자라도 말로 말미암지 않고 그 아내의 행실로 말미암아 구원을 받게 하려 함이니 너희의 두려워하며 정결한 행실을 봄이라 너희의 단장은 머리를 꾸미고 금을 차고 아름다운 옷을 입는 외모로 하지 말고 오직 마음에 숨은 사람을 온유하고 안정한 심령의 썩지 아니할 것으로 하라 이는 하나님 앞에 값진 것이니라 전에 하나님께 소망을 두었던 거룩한 부녀들도 이와 같이 자기 남편에게 순종함으로 자기를 단장하였나니 사라가 아브라함을 주라 칭하여 순종한 것같이 너희는 선을 행하고 아무 두려운 일에도 놀라지 아니하면 그의 딸이 된 것이니라

벧전 3:1-6

2
믿고 따를 수 없는 배우자로 힘들어하는 이에게

아브라함과 사라

손뼉도 서로 맞아야 맞장구를 칠 수 있습니다. 한 사람은 잘하려고 하는데, 나머지 한 사람이 따라 주지 않으면 어렵습니다. 아내가 남편을 열심히 순종하고 사랑하는데 남편이 이해해 주지 않는다든지, 남편이 아내를 최선을 다해 사랑하는데 아내가 이해해 주지 못하는 경우가 종종 있습니다. 남편의 믿음의 수준과 아내의 믿음의 수준이 같으면 얼마나 좋을까요?

모든 인간은 하나님의 형상으로 지음을 받았습니다. 하나님은 남자와 여자를 지으셨습니다. 그러므로 남자는 남자답고,

여자는 여자다워야 합니다. 이 둘을 섞어서는 안 됩니다. 그래야 하나님이 디자인하신 부부가 만들어지는 것입니다.

남자는 남자고, 여자는 여자입니다. 아내는 여자에게 맡겨진 일을 해야 합니다. 그래서 집에 못을 박을 일이 있으면 남편이 퇴근 후 해야 합니다. 아내에게 못을 박게 해서는 안 됩니다. 여자는 여자가 할 일을 하고, 남자는 남자가 할 일을 해서 정상으로 돌아가야지, 비정상을 정상이라 해서는 안 됩니다. 이 원리를 지키지 않으면 하나님의 창조 원리가 뒤죽박죽됩니다. 그러다가 나중에 문제가 생기고 파멸에 이르게 됩니다.

남자는 흙으로 만들어졌고 여자는 남자의 뼈로 만들어졌으니, 남편은 아내를 보호할 책임이 있습니다. 생명을 걸고 피를 토하면서 아내를 보호해야 합니다. 그리고 남편은 아내가 무슨 실수를 해도 다 용서해 주어야 합니다. 다 받아 주고, 껴안아 줄 때 아내가 살아날 수 있습니다.

우리는 몰라서가 아니라 다 알면서도 괜한 소리를 할 때가 많습니다. 그러니 서로 인정하고, 격려해 주고, 틀리거나 말이 안 되는 이야기를 할지라도 다 들어 주고, 감싸 주면 문제가 생길 수가 없습니다.

아내 자랑하는 남편을 팔불출이라고 합니다. 예수님의 이름으로 명합니다. 남편들이여, 다 팔불출이 되기를 바랍니다. 우리나라 남편들은 아내를 칭찬하거나 자랑할 줄을 모릅니다. 연약한 여자를 발밑에 놓아 뭐하겠습니까. 아내에게 존경받고 싶다고 해서 존경받아지지 않습니다. 아내를 사랑하면 존경받게 됩니다. 이것이 가정 행복의 원리입니다.

현대인의성경을 보면 베드로전서 3장 1절이 아주 쉽게 번역되어 있습니다. "아내 된 여러분은 남편에게 순종하십시오. 그러면 주님의 말씀을 믿지 않는 남편이라도 말없이 실천하는 여러분의 행동을 보고 하나님을 믿게 될 것입니다."

사랑한다는 것은 상대방이 틀린 줄 알면서도 감싸 주고, 실수해도 항상 실수하지 않은 것처럼 생각해 주고, 어리석은 말만 골라서 해도 상대방의 말만이 진리인 것처럼 들어 주는 것입니다. 세상에서 가장 불행한 사람이 누구입니까? 날마다 옳고 그름을 따지고 앉아 있는 사람입니다. 누가 따지는 사람 옆에 가 있겠습니까. 용납하고 사랑해 주는 사람 옆에 가게 되어 있지요. 그러니 따지지 마십시오. 가능하면 배우자의 잘못을 지적하지 마세요. 배우자가 모르는 것이 아니라 알면서도 어쩔 수 없어 그러는 것이니 받아 주십시오.

어떻게 보면 부부가 사는 모습은 꼭 미친 사람들이 사는 것

같습니다. 정상적인 방법으로는 같이 못 삽니다. 뭐가 하나 없는 사람같이 살아야 합니다. 눈이 하나 없고, 귀가 하나 없는 사람처럼, 바보처럼 살아야 합니다. 사랑하면 사람이 변합니다. 따지면 결코 변하지 않습니다.

사람이란 참 이상합니다. 다 알면서도 죄를 짓고, 틀린 줄 알면서도 그 길을 갑니다. 그것이 우리 인간입니다. 그런데 잘못을 지적한다고 해서 고쳐질까요? 결코 아니지요. 그러니까 틀린 것도 봐주고, 실수한 것도 봐주고, 무조건 사랑하기로 결정하십시오. '무슨 말을 해도 배우자를 사랑하기로 결정했다' 하고 다짐하고 사랑하면 변합니다. 오늘 아내가 무슨 말을 해도 다 용서하고 받아 주십시오. 오늘 남편이 말도 안 되는 일을 하더라도 존경하기로 결정하십시오.

"목사님! 존경할 만해야 존경하지요"라고 묻는 사람이 있을지 모르겠습니다. 그런데 존경할 만한 사람은 누구나 존경합니다. 남편이 존경할 만하지 않더라도 존경하기로, 사랑하기로 결정하십시오. 아내가 진심으로 남편에게 순종하면 예수 믿지 않는 남편이라 할지라도 돌아오게 되어 있습니다. "말씀을 순종하지 않는 자라도 말로 말미암지 않고 그 아내의 행실로 말미암아 구원을 받게"(1절) 되는 것입니다. "너희의 두려워하며 정결한 행실을 봄이라"(2절)라는 말씀처럼 남편들은 하나님을 경외하며 깨끗한 아내의 모습을 보고 감동을 받게 되어 있습니다.

베드로전서 3장 3절을 보면, 외모로 사람을 끌려 하지 말라고 합니다. 외모로는 사람이 끌려가지 않습니다. 단지 헷갈리게 하고 현란하게 할 뿐 사람의 마음에 감동을 주지는 않습니다. 아내가 진정으로 남편을 감동시킬 수 있는 방법은 예쁘게 화장을 하거나, 비싼 옷을 입거나, 다이어트로 날씬해지는 것이 아닙니다. 그것들로는 잠시 잠깐 놀랄 뿐입니다. '외모로 하지 말고'란 이런 뜻입니다. "남편은 아내의 겉모습으로 변하지 않는다. 남편은 오직 아내의 진실, 순결, 거룩함을 보고 감동한다."

최근에 저는 50세가 넘은 부부들 가운데 아내에게 깊은 감동을 받아 변화된 남편들을 많이 보았습니다. 아내의 헌신 때문에 결코 요동하지 않을 것 같았던 그들이 변한 모습을 보고 깜짝 놀랐습니다.

4절은 "오직 마음에 숨은 사람을 온유하고 안정한 심령의 썩지 아니할 것으로 하라 이는 하나님 앞에 값진 것이니라"고 말합니다. 이 문장은 좀 복잡합니다. 쉽게 해석하면 이렇습니다. "아내들이여, 외모를 꾸미지 말고, 유순하고 정숙한 마음을 가

짐으로써 속사람을 아름답게 만드는 것만이 남편을 변화시킬 수 있다. 이것은 하나님 앞에 매우 귀한 것이다. 속사람을 변화시켜라. 외모가 아니라 오직 마음에 숨은 사람이 진정 온유하고 안정되고 정숙한 영이 되게 하라."

화려함이나 외적인 모습은 사람을 변화시키지 않습니다. 내면의 세계에 존재하는 온유함과 조용함(quiet spirit)만이 사람을 변화시킵니다. 이것이 썩지 않는 아름다움입니다. 온유함과 정숙함은 남편의 마음을 녹이고, 그의 중심을 흔듭니다.

베드로는 "전에 하나님께 소망을 두었던 거룩한 부녀들도 이와 같이 자기 남편에게 순종함으로 자기를 단장하였나니"(5절)라고 이야기합니다. 그 본보기가 바로 구약성경 창세기에 등장하는 사라입니다.

사라는 100세가 넘도록 아브라함과 결혼 생활을 유지했습니다. 어떻게 사라는 거룩한 아내의 본보기가 될 수 있었을까요? 이에 대해 6절이 잘 설명해 주고 있습니다. "사라가 아브라함을 주라 칭하여 순종한 것같이 너희는 선을 행하고 아무 두려운 일에도 놀라지 아니하면 그의 딸이 된 것이니라." 사라는 남편인 아브라함을 '주'로 여겼습니다.

그런데 창세기를 읽다 보면 사라는 좀 투덜거리는 아내인 것만 같습니다. 그런 사라가 왜 위대하다고 성경은 이야기하는 것일까요?

첫째로, 사라는 남편이 갈대아 우르로 가자고 했을 때 그냥 따라나섰습니다. 아내는 남편이 가자고 할 때 선뜻 따라나서야 합니다. "당신 가! 나는 혼자 살 거야!" 해서는 안 됩니다. 사라의 위대함은 남편이 하나님의 음성을 듣고 떠날 때 주저함 없이 함께했다는 데 있습니다. 즉 순종한 것입니다.

한 의사 장로님이 50세 때 재산을 다 팔고 병원을 정리하고 중국에 선교하러 가겠다고 했습니다. 가장 반대했던 사람은 그분의 아내였습니다. 이제 돈도 좀 벌어 살 만하고, 좋은 교회 만났으니 장로로 교회를 섬기면 됐지 왜 선교하러 가냐면서 항의했습니다.

어느 날 그분의 아내가 저를 찾아와 눈물로 호소했습니다.

"저는 감당할 수가 없습니다. 남편이 부름 받았지 제가 부름 받은 것이 아닙니다. 아무리 기도해도 저더러 가라고 하시는 하나님의 음성이 들리지가 않습니다. 그런데도 남편은 자꾸 다 팔고 중국에 가자는데 어떻게 해야 합니까? 저희 아들이 고 3입니다. 고등학교는 졸업하고 가야 하지 않겠습니까?"

제가 뭐라고 말할 수 있었겠습니까? "당신 생각이 틀렸습니다. 그냥 남편 따라 가세요"라고 차마 말씀드릴 수가 없었습니다. 단지 "같이 기도합시다" 했지요.

그리고 며칠 있다 그분이 또 왔습니다. 집에 돌아가서 기도하고는 남편을 따라가기로 결정했다고 했습니다.

"여기서 밥해 주나 거기서 밥해 주나 다 똑같지 않겠어요? 그러나 남편이 가는 길을 막는 아내가 되어서는 안 되겠지요. 목사님! 저는 분명히 부름 받아 가는 것은 아닙니다. 하지만 따라가겠습니다. 그런데 중국에 가면 남편은 의사니까 할 일이 있지만 저는 뭘 해야 할까요? 저는 미용을 배워서 파마라도 해 주겠습니다."

그분이 돌아가고 나서 제가 얼마나 축복했는지 모릅니다. 정말 아름다운 순종의 모습입니다. 사라도 이처럼 아브라함을 따라갔습니다.

둘째로, 아브라함이 "여보, 당신을 내 아내가 아니라 누이라고 합시다"라고 할 때 사라는 흔쾌히 허락해 주었습니다. 사실 이것도 보통 일이 아닙니다. "왜 내가 당신 누이야? 아내이지!" 하고 대들 수도 있었습니다. 그런데 저는 사라도 아브라함처럼 비겁한 여인인가, 아니면 사랑해서 그의 의견을 순순히 따른 것인가 곰곰이 생각해 보았습니다.

남편이 자기를 아내라고 떳떳하게 소개하지 않으니 사라가 얼마나 속상했을까요? 아내에게 있어서 세상에서 가장 힘든 일은 남편이 자기를 아내라고 떳떳이 소개하지 않는 것이 아닐까요? 뒤에 감추어 둘 때 아내는 굉장히 힘들 것입니다. 그런데 사라는 아브라함이 자신더러 누이라고 할 때 말이 없었습니다.

셋째로, 사라는 남편이 첩을 얻어서 아이를 낳았는데 이혼하지 않고 곁을 지켰습니다. 사라도 여인인데 얼마나 마음이 힘들었을까요? 그래도 사라는 아무 소리 안 하고 몸종이 낳은 아이를 자기 아이처럼 키웠습니다. 보통 아내 같으면 소리 지르고 뛰쳐나갈 텐데 사라는 보통 여인이 아니었던 것입니다. 그래서 사라가 아브라함을 주라 칭했던 것입니다.

여기서 부부 관계와 관련하여 아브라함의 좋은 점 하나만 짚고 넘어가겠습니다. 아브라함은 믿음이 없어서 첩도 얻고, 그녀에게서 자녀도 낳았습니다. 좋은 점이 별로 없어 보이는 게 사실입니다. 그래도 아브라함에게서 모든 남편들이 배워야할 것이 딱 하나 있습니다. 그것은 아내인 사라의 말을 들어 준 것입니다. 결정적인 순간에 아브라함은 하갈의 말을 듣지 않고, 사라를 따랐습니다. 하갈과 이스마엘을 내쫓을 때 가슴이 미어지고 찢어지게 아팠지만, 결국 아브라함은 사라에게로 돌아와 사라의 말을 들어주었습니다. 이것이 남편 아브라함의 위대함입니다.

베드로전서 3장 7절은 남편들에게 권고합니다. "남편들아 이와 같이 지식을 따라 너희 아내와 동거하고 그를 더 연약한 그릇이요 또 생명의 은혜를 함께 이어받을 자로 알아 귀히 여기라 이는 너희 기도가 막히지 아니하게 하려 함이라." 남편들이여, 아내를 잘 이해하며 함께 살아가십시오. 아내는 더 연약한 그릇이며, 하나님이 은혜로 주시는 영원한 생명을 함께 누릴 그릇입니다. 아내를 반려자로 알고 소중하게 여기십시오.

사라는 남편 아브라함을 주라 칭했습니다. 어렵고 힘든 상황에서도 남편을 따랐고, 틀린 줄 알면서도 감싸 주었으며, 실수해도 받아 주었습니다. 한편 아브라함은 어려운 상황 가운데서도 아내의 말을 들어주고 떠나지 않았습니다. 무슨 말을 해도 사랑하기로 결정한 것을 기억하십시오. 따지지 말고 사랑하십시오. 사랑하면 변합니다.

정상적인 방법으로는 같이 못 삽니다. 뭐가 하나 없는 사람같이 살아야 합니다.

바보처럼 살아야 합니다. 사랑하면 사람이 변합니다. 따지면 결코 변하지 않습니다.

하나님이여 주의 인자를 따라 내게 은혜를 베푸시며 주의 많은 긍휼을 따라 내 죄악을 지워 주소서 나의 죄악을 말갛게 씻으시며 나의 죄를 깨끗이 제하소서 무릇 나는 내 죄과를 아오니 내 죄가 항상 내 앞에 있나이다…하나님이여 상하고 통회하는 마음을 주께서 멸시하지 아니하시리이다 주의 은택으로 시온에 선을 행하시고 예루살렘 성을 쌓으소서 그때에 주께서 의로운 제사와 번제와 온전한 번제를 기뻐하시리니 그때에 그들이 수소를 주의 제단에 드리리이다

시 51:1-19

3
배우자의
죄 때문에 울고 있는
이에게

다윗과 밧세바

다윗과 밧세바는 매우 유명한 부부이기 때문에 성경에 기록된 그들의 간음 사건을 모르는 사람이 거의 없을 정도입니다 (삼하 11-12장). 그들은 간음을 하고 살인까지 저지른 매우 불행한 부부였습니다. 간음의 대표적인 사례, 다윗과 밧세바 부부입니다.

그러나 우리는 이 이야기의 드라마틱한 요소에 너무 집중한 탓에 중요한 것을 잊어버리곤 합니다. 그것은 끔찍한 범죄를 저지른 사람도 하나님이 쓰셨다는 것입니다. 하나님은 다윗이 실수했지만 쓰셨고, 밧세바가 실수했지만 쓰셔서 그들의 자녀 가운데 메시아가 태어나게 하셨습니다.

우리도 다윗처럼 실수하고, 밧세바처럼 불행한 삶을 선택하게 될 수 있습니다. 그때 우리는 자신이 저지른 죄에 대해 반드시 대가를 치러야 합니다. 그러나 그럼에도 불구하고 하나님은 우리를 사랑하시며, 우리를 통해 그분의 구원 역사를 계속해서 이루어 가십니다. 이처럼 엄청나고 놀라운 메시지가 다윗과 밧세바의 간음 사건에 들어 있습니다. 우리는 여기에 관심을 가져야 마땅합니다.

사람으로 태어나서 실수하지 않는 사람은 하나도 없습니다. 모든 사람들은 다 죄성을 가지고 있기 때문입니다. 단지 죄성이 일찍 드러나느냐 늦게 드러나느냐, 모든 사람에게 숨겨졌느냐 알려졌느냐의 차이만 있을 뿐 인간의 죄성이라는 본질은 아담과 하와 이후 누구를 막론하고 동일합니다. 다윗과 밧세바도 예외는 아니었습니다.

다윗이 우리아의 아내 밧세바를 범하게 된 동기 중에 하나는 방심입니다. 그는 전쟁에서 승승장구했습니다. 이스라엘 역사상 가장 많은 땅을 차지했고, 마음만 먹으면 못할 것이 없는 자리에 앉아 있었습니다. 그 순간, 실수를 저지르게 되었지요.

우리가 여기서 배워야 할 사실이 있습니다. 고난이 있고 어려울 때는 크게 실수하지 않습니다. 온 신경, 온 마음을 다 쏟아서 방어하고 견뎌 내야 하기 때문입니다. 오히려 고난이 생기면 새벽기도회에 나오게 되고, 하나님께 매달리게 됩니다. 그래서 고난이 축복인 것입니다.

그런데 고난의 때가 지나가고 모든 문제가 잘 풀릴 때, 축복이 계속 임할 때 모든 사람이 드러내는 특징은 긴장하지 않고 방심한다는 것입니다. 하나님에 대해서도, 자기 자신에 대해서도 느슨해집니다. 그리고 승리에 도취하게 됩니다. 그때 어김없이 찾아오는 것이 바로 위기입니다. 성경은 우리에게 항상 경계하여 영적 전쟁에서 승리하라고 말합니다. "늦추지 말라. 방심하지 말라. 마귀가 우는 사자처럼 너를 집어삼키려고 한다. 깨어라!"

다윗의 생애를 그래프로 그려 보면, 이 사건은 화살을 떠올리게 합니다. 과녁을 향해 날아가던 화살이 과녁을 비껴나 바닥으로 곤두박질치는 것과 같습니다. 이때까지 다윗의 인생은 계속 상승세를 탔습니다. 물론 사울로 인해 어려움을 당했고, 쫓겨 다녔고, 수없이 많은 위기를 겪었지만 그럼에도 형통했습니다. 그런데 드디어 평안이 찾아왔을 때 일순간 방심했고,

그때 저지른 밧세바와의 간음 사건이 다윗의 인생의 정점이 되고 말았습니다. 그리고는 쭉 하락세를 보였습니다. 계속 떨어져서 나중에는 어떻게 되었습니까? 다윗은 아들에 의해 쿠데타를 당하고, 왕위에서 쫓겨나는 수모를 당했습니다.

아들 압살롬은 아버지가 준 상처에 앙갚음하기 위해 왕궁을 찬탈한 후 '어떻게 하면 아버지에게 수치를 줄까?' 고민했습니다. 그러고는 백주에 모든 사람이 보는 앞에서 아버지의 후궁들을 강간했습니다. 이 정도까지 다윗은 바닥을 쳤습니다.

그러나 파산했고, 아들이 배신했고, 끔찍한 수모를 겪었지만 다윗은 잊히고 버려지지 않았습니다. 하나님은 그럼에도 불구하고 연약한 인간, 실수 많은 인간을 통해서 구원 역사를 계속 이루어 나가셨습니다. 이처럼 하나님의 구원 역사는 연약한 우리를 통해 계속될 것입니다. 이것이 다윗의 생애 전체를 통해 하나님이 우리에게 주시는 메시지입니다.

다윗은 우리아의 아내 밧세바를 범한 대가를 치렀습니다. 그때 임신했던 아이가 태어난 지 7일 만에 죽었습니다. 그 후 하나님이 다시 아들을 주셨는데, 그가 지혜의 왕 솔로몬입니다. 하나님은 솔로몬을 통해 구원 역사를 이어 가셨습니다.

다윗이 범죄하고 난 직후로 돌아가 봅시다. 어리석게도

다윗은 범죄하고 난 후 자신이 완전범죄에 성공했다고 착각했습니다. 그런데 하나님의 사자 나단이 나타나서 이 사실을 다 공개했습니다. 그때 다윗은 충격을 받았습니다. '사람은 속였지만 하나님은 속일 수 없구나'라는 사실을 깨달은 다윗이 눈물로 담요를 적시면서 회개하며 쓴 시가 바로 시편 51편입니다.

하나님이 다윗을 왜 치셨습니까? 가장 먼저, 그가 간음죄를 저질렀기 때문입니다. 그러나 밧세바와의 간음 사건은 전체적으로 볼 때 극히 일부에 불과합니다. 간음죄 외에도 다윗은 살인죄를 저질렀습니다. 물론 직접 살인은 아니고 간접 살인이었으나 하나님이 보시기에는 별반 차이가 없었습니다. 게다가 결정적으로 다윗은 간음죄와 살인죄보다 더 끔찍한 죄를 범했습니다. 그것은 바로 하나님을 기만한 죄입니다.

연약한 인간은 간음하고 살인할 수 있습니다. 그러나 '하나님도 속으실 것이다. 그래서 모든 문제는 덮일 것이다'라고 생각하며 하나님을 무시하는 영적 오만이 가장 무서운 죄라는 사실을 기억해야 합니다.

시편 51편을 읽기 전에 사무엘하 11-12장을 먼저 살펴봅시다. 11장에는 밧세바와의 간음 사건이 나오고, 그녀가 임신을 하게 되고, 이를 은폐하려고 다윗이 우리아를 죽이는 장면이 나옵니다. "우리아의 아내는 그 남편 우리아가 죽었음을 듣고 그의 남편을 위하여 소리 내어 우니라 그 장례를 마치매 다윗이 사람을 보내 그를 왕궁으로 데려오니 그가 그의 아내가 되어 그에게 아들을 낳으니라"(26-27절). 간음죄와 살인죄를 저지르고도 정리되는 과정이 꽤 순탄해 보입니다.

그런데 이어지는 말씀을 보십시오. "다윗이 행한 그 일이 여호와 보시기에 악하였더라"(27절). 참 무서운 말씀입니다. 간음을 했는데, 그때까지 하나님은 가만히 계셨습니다. 살인을 했는데, 그때까지도 하나님은 가만히 계셨습니다. 그런데 우리아의 장례식이 끝나자마자 다윗이 밧세바를 왕궁으로 데려온 그때 하나님이 일어나셨고, 나단이 나타났습니다. 사무엘하 12장 9-12절에서 나단은 다윗을 야단치면서 이렇게 예언했습니다.

"그러한데 어찌하여 네가 여호와의 말씀을 업신여기고 나보기에 악을 행하였느냐 네가 칼로 헷 사람 우리아를 치되 암몬 자손의 칼로 죽이고 그의 아내를 빼앗아 네 아내로 삼았도다 이제 네가 나를 업신여기고 헷 사람 우리아의 아내를 빼앗아 네 아내로 삼았은즉 칼이 네 집에서 영원토록 떠나지 아니하리라 하셨고 여호와께서 또 이와 같이 이르시기를 보라 내가 너와 네 집에 재앙을 일으키고 내가 네 눈앞에서 네 아내를 빼앗아 네 이웃들에게 주리니 그 사람들이 네 아내들과 더불어 백주에 동침하리라 너는 은밀히 행하였으나 나는 온 이스라엘 앞에서 백주에 이 일을 행하리라 하셨나이다 하니." 그리고 이 예언은 그대로 성취되었습니다.

사람이 살다 보면 불행한 사건에 휘말릴 수도 있습니다. 그러나 그 사건은 참 안된 일이기는 하지만, 지나갈 수 있습니다. 불륜은 가릴 수 있습니다. 때로 불행한 사건이 적당한 선에서 끝나지 않고 살인을 부르기도 합니다.

사람은 누구나 간음죄와 살인죄를 감추려고 합니다. 직접 살인하는 사람은 거의 없습니다. 하지만 생각해 보면, 우리는 수없이 많은 간접 살인을 저지르며 살아갈 수 있습니다. 예를 들어, 낭떠러지가 앞에 있는데 말하지 않고 가만히 있으면 상대방은 떨어져 죽는 것입니다. 살인입니다. 나는 상대방을 죽인 일이 없고, 그에게 말을 건 일도 없습니다. 다만, 상대방이 미우니까 그쪽으로 가면 죽는다는 것을 알면서도 가만 놔두는 것입니다. 자기 스스로 빠져 죽은 것이라고 변명할 수 있겠지요. 그러나 이것도 명백히 살인입니다.

죄성을 가진 우리는 불륜에 빠질 수 있고, 혹 살인할 수도 있습니다. 그러나 하나님은 그때라도 돌아오는 사람을 축복하시고 용서하시고 다시 쓰십니다. 그러나 다윗은 하나님 앞에서 자신의 범죄 사실을 은폐했습니다. 이것은 하나님을 업신여긴 것이요, 하나님의 존재를 인정하지 않은 것입니다. 하나님의 입장에서 보면, 하나님을 업신여겼으니 더 이상 다윗을 쓰지 않고 버리시면 됩니다. 제일 무서운 심판은 잘못해도 그냥 두는 것, 즉 포기하는 것입니다. 반대로 사랑은 상대방이 잘못하면 막아 주고, 잡아 주는 것입니다.

로마서 1장에는 인간이 죄를 범하였으나 하나님이 자기 마음의 소원대로 행하도록 내버려 두셨다는 말씀이 나옵니다. 언덕에 놓인 수레를 고정하기 위해 괴어 놓은 돌을 빼 버리면 어떻게 됩니까? 쭉 미끄러집니다. 마찬가지로 인간은 누구든지 하나님이 붙잡으시니까 서 있는 것이지 그냥 놔두면 쭉 내려가게 되어 있습니다. 쭉 내려가면 아래에서 사고가 나게 되어 있습니다. 이것이 인생입니다. 하나님이 나를 붙잡아 주시기에 이 자리에 있는 것입니다.

그럼에도 불구하고 사람들은 내가 잘나서 이 자리에 있는 것이라고 착각합니다 우리는 인생을 살면서 내 힘으로 되지 인간은 누구든지 하나님이 붙잡으시니까 서 있는 것이지 그냥 놔두면 쭉 내려가게 되어 있습니다. 쭉 내려가면 아래에서 사고가 나게 되어 있습니다. 이것이 인생입니다. 하나님이 나를 붙잡아 주시기에 이 자리에 있는 것입니다. 그럼에도 불구하고 사람들은 내가 잘나서 이 자리에 있는 것이라고 착각합니다.

않는 것을 자꾸 경험하게 됩니다. 그런데도 참 어리석게도 빨리 하나님께 돌아오지를 않습니다. 실컷 얻어맞고 나서 교통사고가 나면 그제야 돌아오지, 그전에 돌아오는 지혜로운 사람이 별로 없습니다. 지금 우리의 삶은 어떻게 보면 계속 낭떠러지로 떨어지고 있는 것인지도 모릅니다. 그럼에도 불구하고 우리는 아직도 정신을 차리지 못하고 '괜찮겠지?' 하는 수가 있습니다.

이런 배경에서 다윗은 시편 51편을 썼습니다. 다윗의 회개의 시에서 우리는 하나님의 속성 네 가지를 볼 수 있습니다.

첫째, 다윗은 "내가 주께만 범죄하여 주의 목전에 악을 행하였사오니 주께서 말씀하실 때에 의로우시다 하고 주께서 심판하실 때에 순전하시다 하리이다"(4절)라고 고백합니다. 하나님은 모르는 것이 없는 분이시고, 하나님의 심판은 옳고, 하나님의 말씀은 진리입니다.

둘째, 6절에서 다윗은 "보소서 주께서는 중심이 진실함을 원하시오니 내게 지혜를 은밀히 가르치시리이다"라고 말합니다. 하나님은 중심이 진실하기를 원하는 분이십니다. 하나님은 우리 마음의 진실함을, 거짓 없음을 원하십니다.

셋째, "주께서는 제사를 기뻐하지 아니하시나니 그렇지 아니하면 내가 드렸을 것이라 주는 번제를 기뻐하지 아니하시나이다"라는 16절 말씀에서 알 수 있듯이, 하나님은 제사와 번제를 기뻐하는 분이 아니십니다. 우리가 단지 예배드린다고 해서, 기도한다고 해서, 헌금한다고 해서 하나님은 속지 않으십니다.

넷째, 다윗은 17절에서 "하나님께서 구하시는 제사는 상한 심령이라 하나님이여 상하고 통회하는 마음을 주께서 멸시하지 아니하시리이다"라고 고백합니다. 하나님이 진정 원하시는 것은 제물이나 번제를 드리는 것이 아니라 "하나님, 저는 어찌하면 좋습니까?" 하며 가슴을 찢고 회개하는 마음입니다. 사람들은 대개 실수하거나 잘못하면 청소를 많이 한다든지, 헌금이나 봉사를 많이 해서 보상하려고 합니다. 그러나 하나님은 보상이 아니라 통회하는 마음, 상한 심령을 가장 기뻐하십니다.

다윗의 고백에서 놓쳐서는 안 될 한 가지 중요한 사실이 있습니다. 다윗은 3-4절에서 자기 고백을 합니다. 쉽게 풀면 이렇습니다. "제 잘못을 인정합니다. 저는 제 죄를 의식합니다. 제 죄가 제 안에 있습니다. 저는 끔찍한 일을 저질렀습니다. 그런데 주님이 모든 것을 다 보고 계셨습니다." 이어서 5절에서는 "내가 죄악 중에서 출생하였음이여 어머니가 죄 중에서 나를 잉태하였나이다"라고 고백합니다. 다윗은 어머니가 자신을 잉태한 순간부터 자신이 죄성을 지니고 있었다는 사실을 깨닫게 된 것입니다.

여기서 우리는 무엇을 알 수 있습니까? 자신의 끔찍한 범죄 사실을 통해 다윗이 발견한 것은 간음이나 살인의 문제가 아닌 것입니다. 범죄 행위 자체가 아니라 그 행위를 일으킨 인간의 본성인 죄가 자신의 피 속에 흐르고 있다는 사실이었습니다.

우리는 질투하고, 시기하고, 거짓말하고, 간음하고, 불륜을 저지르는 자신의 모습을 보면서 처음에는 그 죄로 인해 고민합니다. 그러나 한참 회개하다 보면 범죄 행위 자체가 아니라 그 행위를 일으킨 한 원인을 추적하게 됩니다. 곧 그 원인이 바로 내 안에 깊이 뿌리박힌 인간의 본성인 죄성임을 알게 됩니다. 인간의 죄성이 간음이나 살인만 저지르겠습니까? 다른 형태로 얼마든지 가정이나 직장, 살아온 모든 과정에서 다양하게 나타날 수 있습니다.

다윗이 진정 회개한 것은 불륜이나 살인의 문제가 아니었습니다. 그것은 피상적인 것에 불과합니다. 죄성을 가진 인간은 누구나 살인죄, 간음죄, 그보다 더한 죄도 저지를 수 있는 가능성을 안은 존재입니다. 단지 살인죄를 저지를 상황이 안 되어 실행에 옮기지 않는 것뿐입니다. 그러면 그 사람은 괜찮은 사람입니까? 아닙니다. 불륜도 마찬가지입니다. 간음죄를 저지르지 않을 수 있는 도덕적이고 인격적인 분위기에서 자랐기에 행동으로 옮기지 않을 뿐입니다. 그러면 괜찮습니까? 아닙니다. 방심하면 언제든, 어떤 상황에서든 범죄를 저지를 가능성이 있습니다.

다윗은 죄의 본성을 가지고 태어난 자신의 모습을 보고는 이렇게 고백한 것입니다. "나는 어머니 배 속에서부터 죄를 가지고 있었고, 내 본성에는 시기하고, 질투하고, 도둑질하고, 거짓말하고, 불효하고, 살인하고, 간음할 수밖에 없는 모든 요소를 가진 바이러스가 들어 있습니다." 이 사실을 깨닫는 것이 회개입니다. 이러한 인간의 죄성은 예수 그리스도의 보혈의 피로만 씻을 수 있습니다. 이것이 시편 51편이 주는 메시지입니다.

이 사실을 깨달은 다윗은 회개했습니다. "하나님이여 주의 인자를 따라 내게 은혜를 베푸시며 주의 많은 긍휼을 따라 내 죄악을 지워 주소서 나의 죄악을 말갛게 씻으시며 나의 죄를 깨끗이 제하소서"(1-2절).

다윗은 계속해서 12절까지 기도하고 나서 두 가지 결단을 내립니다. "그리하면 내가 범죄자에게 주의 도를 가르치리니 죄인들이 주께 돌아오리이다"(13절). "그때에 주께서 의로운 제사와 번제와 온전한 번제를 기뻐하시리니 그때에 그들이 수소를 주의 제단에 드리리이다"(19절). 첫째는 전도요, 둘째는 예배입니다. 다윗은 "주님, 제가 당신께 예배를 드리겠습니다. 그리고 저와 동일한 죄를 범하는 자에게 주의 도를 가르치겠습니다"라고 기도한 것입니다.

우리 중에 죄를 지으려는 사람은 아무도 없습니다. 인간의 본성인 죄성 때문에 본의 아닌 상황 속에서, 본의 아닌 이유로 하나님이 기뻐하시지 않는 죄를 저지르게 됩니다. 하나님은 죄를 지은 우리를 때리지만, 용서하십니다. 그리고 우리를 들어서 다시 쓰기를 원하십니다. 그럼에도 불구하고 우리를 통하여 구원의 역사를 이루십니다.

다윗과 밧세바 부부는 참 불행한 만남이었습니다. 그렇지만 하나님은 불행한 만남을 축복의 만남으로 바꿔 주셨습니다. 하나님이 다윗과 밧세바 사건을 통해 우리에게 가르쳐 주고자 하시는 것은 단순히 불륜을 행해서는 안 된다, 살인해서는 안 된다는 것이 아닙니다. 그것은 단지 본능적이고 가장 밑바닥 이야기일 뿐, 주제가 아닙니다. '인간은 모두 죄성을 가지고 있다. 따라서 누구를 막론하고 죄를 지을 수밖에 없다'는 데 메시지가 있습니다.

인간의 본질은 실수하는 데 있고, 하나님의 본질은 용서하시는 데 있습니다. 인간은 결국 실수할 수밖에 없는 존재입니다. 그래서 우리는 교만하거나 남을 정죄해서는 안 됩니다. 내 안에 똑같은 허물이 있기에 우리는 누구나 예수님 앞에 나와야 하고, 보혈의 피를 의지해야 합니다.

살다 보면 배우자를 이해할 수 없을 때가 더 많습니다. 내 생각에는 도저히 용납할 수 없는 단점 때문에 순식간에 사랑의 감정이 사라집니다. 배우자를 정죄하게 되면 차가운 시선으로 보게 되고, 두 사람 사이의 벽은 점점 높아집니다.

기억하십시오. 우리는 그 벽을 허물 수 없습니다. 인간은 죄성을 가지고 있어 실수할 수밖에 없고, 죄를 지을 수밖에 없습니다. 그 허물을 덮으시고 그 죄를 용서하시는 분은 하나님밖에 없습니다. 나 역시 하나님의 사랑을 입었음을 기억해야만 배우자를 향한 눈길이 달라집니다. 그러니 사랑하기로 결단하십시오. 연약한 우리 각 사람을 통하여 구원의 역사를 쓰시는 하나님을 의지하십시오.

우리 중에 죄를 지으려는 사람은 아무도 없습니다. 인간의 본성인 죄성 때문에 본의 아닌 상황 속에서, 본의 아닌 이유로 하나님이 기뻐하시지 않는 죄를 저지르게 됩니다. 하나님은 죄를 지은 우리를 때리지만, 용서하십니다.

인간의 본질은 실수하는 데 있고, 하나님의 본질은 용서
하시는 데 있습니다. 인간은 결국 실수할 수밖에 없는 존
재입니다.

여호와께서 내게 이르시되 이스라엘 자손이 다른 신을 섬기고
건포도 과자를 즐길지라도 여호와가 그들을 사랑하나니 너는
또 가서 타인의 사랑을 받아 음녀가 된 그 여자를 사랑하라 하
시기로 내가 은 열다섯 개와 보리 한 호멜 반으로 나를 위하여
그를 사고 그에게 이르기를 너는 많은 날 동안 나와 함께 지내
고 음행하지 말며 다른 남자를 따르지 말라 나도 네게 그리하
리라 하였노라

호 3:1-3

4
변해 버린
사랑을 그만두고 싶은
이에게

호세아와 고멜

국가는 사람의 아이디어요, 가정은 하나님의 아이디어입니다. 결혼은 인간이 나이가 차서 좋아하는 사람과 함께 살기 위해 행하는 단순한 동물적 행위가 아닙니다. 동물들은 때가 되면 발정을 하고 관계를 갖습니다. 그것은 결혼이 아닙니다. 결혼은 결코 자녀를 낳거나, 쾌락을 서로 주고받기 위한 행위가 아닙니다. 결혼에는 인격이 있습니다. 결혼은 신성한 관계이고 인격적 관계입니다. 그래서 결혼 생활에서는 인격이 무너지면 다 무너집니다.

많은 부부들이 이혼하는 까닭은 결혼이 하나님이 제정하신 인격 공동체요, 하나님이 축복하신 제도라는 사실을 모르기 때문입니다. 그래서 세상적인 방법으로 결혼하기 때문에 상처를 받고 이혼하는 것입니다.

우리는 성경에서 이상한 가정, 상식에 전혀 맞지 않는 독특한 가정을 만나게 됩니다. 바로 호세아와 고멜 가정입니다. '세상에 이런 가정이 있을 수 있을까?' 싶지만 이것이 모든 가정의 본질임을 우리는 기억해야 합니다. 모든 인간의 본질, 부부의 본질을 이 부부에게서 찾을 수 있습니다.

호세아 3장 1-2절은 "여호와께서 내게 이르시되 이스라엘 자손이 다른 신을 섬기고 건포도 과자를 즐길지라도 여호와가 그들을 사랑하나니 너는 또 가서 타인의 사랑을 받아 음녀가 된 그 여자를 사랑하라 하시기로 내가 은 열다섯 개와 보리 한 호멜 반으로 나를 위하여 그를 사고"라고 말합니다.

음란한 시대에 호세아라는 사람에게 "너는 음란한 여자를 만나라"라는 하나님의 아주 특별한 명령이 떨어집니다. 기가 막힌 예언이지요. 호세아가 명령에 따라 결혼하고 보니까 아내가 너무나 음란했습니다.

사실 음란한 아내를 만나서 음란한 자녀를 낳으라는 하나님의 명령은 우리하고는 전혀 상관이 없는 것만 같습니다. 그러나 그렇지 않습니다. 이것이 결혼의 본질이기 때문입니다. 모든 남자는 음란하고, 모든 여자는 음란합니다. 모두가 참고 있는 것일 뿐 본질은 그렇습니다. 다윗은 "무릇 나는 내 죄과를 아오니"(시 51:3), "내가 죄악 중에서 출생하였음이여"(시 51:5)라고 말했습니다.

유대인들의 결혼 예식 중에는 결혼하자마자 도자기를 깨뜨리는 관습이 있습니다. 인간이란 도자기처럼 깨지기 쉬운 존재요, 결혼 역시 순식간에 깨질 수 있다는 사실을 알고 결혼 생활을 시작하라는 뜻입니다. 그것이 인간의 본질이라는 것입니다.

사실 깨지지 않고 사는 것이 기적이요, 깨지는 것이 정상입니다. 우리가 노력하고 애쓰고 참지 않으면 결혼은 깨져 버리게 되어 있습니다. 인간은 그럴 수밖에 없는 존재이기 때문입니다. 결혼을 너무 환상으로 생각하지 마십시오. 우리는 배우자에게 "당신이 어떻게 그럴 수 있어?" 하고 따지지만 사실은 너무나 당연한 것입니다.

결혼 생활은 가만히 있으면 잘 유지되지가 않습니다. 가만히 있어도 생기는 사랑의 감정은 정욕이요 본질입니다. 그런 사랑은 오래가지 못합니다. 첫눈에 반한 것은 오래가지 못합니다. 만나면 가슴이 울렁거리는 것도 절대 오래가지 않습니다. 순간 울렁이는 가슴은 이내 실망과 좌절과 절망으로 변합니다. 그것은 사랑이 아니기 때문입니다.

하나님의 도우심이 없으면 우리의 결혼 생활은 유지가 불가능합니다. 또한 서로 간에 피눈물 나게 노력하지 않으면 가정은 오래가지 못합니다. 가정이라는 것은 남편과 아내가 죽을 힘을 다해서 지켜야 하는 것입니다.

인간의 본질상 남편이 외도하고 아내가 외도하는 것이 정상입니다. 그러면 가정이 다 깨져 버리겠지요. 그런데 외도하는 남편을 데리고 들어오고, 음란한 아내를 데리고 들어와서 가정을 세우라는 것이 호세아서의 메시지입니다.

하나님은 "이스라엘 백성은 음란한 백성이다. 나를 떠났고, 우상을 숭배했고, 세상이 너무 좋아서 내가 아무리 붙들어도 또 나를 떠나 버렸다"고 말씀하셨습니다. 하나님의 말씀은 다시 말해 이렇습니다. "네 아내는 창녀다. 정숙한 척하는 것일 뿐 인간은 결코 정숙하지 않고 다 창녀와 같다. 그런데 그런 사람을 데리고 살아야 하는 것이다." 여기서 '창녀'란 이스라엘 백성을 가리킵니다.

호세아 2장을 보면, 호세아의 아내가 매력 있고 재력 있는 남자를 따라가면 호세아가 몰래 쫓아가서 아내가 진 빚을 다 갚아 주고 데리고 옵니다. 그러면 아내는 할 수 없이 끌려옵니다. 그러나 며칠 있다 또 도망을 가고, 남편은 또 찾아가 데려옵니다. 아내는 남편을 계속 무시하고, 남편은 그런 아내를 또 안아 줍니다. 이 일을 계속 반복합니다.

하나님의 심정이 느껴지십니까? "내가 너희를 그렇게 사랑했다. 너는 창녀처럼 나를 버리고 갔지만 나는 너를 포기할 수 없다. 예수를 십자가에 죽여서라도 너를 데려와서 살겠다." 이것이 하나님의 절절한 사랑의 마음입니다. 우리는 이러한 하나님의 사랑의 원칙을 알아야만 결혼의 진정한 의미를 깨달을 수 있습니다. 이것이 바로 구원입니다. 인격과 하나님의 사랑 없이는, 또한 결혼에 대한 성경적인 원리를 이해하지 못하면 행복한 결혼 생활을 유지하기가 쉽지 않습니다.

우리는 유교 사상이나 도덕에 겨우 묶여 삽니다. 겉으로는 다 행복한 부부 같지만 오직 둘만이 압니다. 자녀들이나 사람들 앞에서는 다 신사, 숙녀이지만 사실은 원수가 따로 없지요. 그것이 인간의 본질입니다. 하나님이 개입하지 않으시면 모든 남자는 실수합니다. 하나님이 개입하지 않으시면 모든 여자는 실수합니다. 그러나 하나님은 창녀 같은 이스라엘 백성들을 사랑하시고, 집 나가면 데려오시고, 빚을 지면 갚아 주면서까지 사랑하셨습니다. 그분은 창녀 같은 우리를 사랑하십니다.

어떤 사람은 '사랑은 예술'이라고 했습니다. 예술가들은 밤을 새워서 연습을 해야 높은 경지에 오를 수 있고, 또 유지할 수 있습니다. 게으른 사람은 결코 예술가가 될 수 없습니다. 먹을 것 다 먹고, 잠잘 것 다 자고, 느낄 것 다 느끼는 사람은 절대로 정상에 오르는 법이 없습니다.

사랑도 그렇습니다. 남편들은 아내를 버려두지 말고 공을 들여야 합니다. '살림 잘하고, 아이 낳고, 잘살면 되는 것 아냐?' 해서는 안 됩니다. 그 대표적인 예가 일본의 50대 넘은 부부들의 황혼 이혼에서 드러나지 않습니까. 쥐 죽은 듯 조용히 살던 아내들이 나이가 드니 못 살겠다고 합니다.

남편들이여, 하나님이 우리에게 정성을 쏟으시는 것처럼 장미꽃 한 송이 사다가 아내에게 안기고, 모처럼 영화 보며 데이트도 하고, 분위기 있는 식당에서 맛있는 음식도 함께 먹으십시오. 아내를 먹이고, 입히고, 다독이고, 사랑해 주십시오. 그러면 변하지 않을 아내가 없습니다. 그동안 아내에게 지나치게 무관심했던 것은 아닌지요.

하나님은 창녀라도 사랑하시고, 배신하고 집을 나갔어도 끊임없이 찾아가서 데려오시고, 대가를 치르시고, 심지어는 아들을 십자가에 못 박아 죽이면서까지 우리를 구원해 주셨습니다.

앞서 말했지만, 호세아 2장은 호세아가 얼마나 아내 고멜을 찾아다녔는지에 대해서 이야기합니다. 가서 데려오고, 또 데려옵니다. 호세아가 얼마나 속이 상했겠습니까? 어떻게 바람난 아내를, 그것도 한두 번도 아니고 습관적으로 집을 나가는 아내를 데려오고, 또 데려옵니까? 그런데 이것이 예수 믿는 우리의 모습이 되어야 하는 것입니다.

저는 가정 파괴의 주범은 남편이라고 생각합니다. 남편들이여, 술 마시고 집에 늦게 들어가지 않는데 자녀들이 어떻게 잘못될 수가 있겠습니까? 아내에게 소리 지르지 않는데 어떻게 자녀들이 잘못될 수가 있겠습니까? 남편이 아내를 지극히 사랑하는데 자녀들이 어떻게 잘못될 수가 있겠습니까? 아이들은 항상 엄마 편입니다. 아이들 엄마에게만 잘해 주면 아이들은 잘 자라게 되어 있습니다.

하나님이 우리를 사랑하신 것처럼, 예수님이 우리를 사랑하신 것처럼 아내를 사랑하고 아내에게 관심을 가지십시오. 그리고 어떤 실수를 해도 용서하고, 감싸 주고, 받아 주십시오. 절대 버리지 마십시오.

요한복음 8장을 보면, 간음하다 현장에서 붙잡힌 여인이 예수님을 만났습니다. 죽을 뻔했다가 살아난 여인입니다. 사람들은 돌로 쳐서 그녀를 죽이려고 했습니다. 이것이 율법입니다. 예수님은 "죄 없는 자가 먼저 돌로 치라"고 말씀하셨습니다. 돌을 쥐었던 모든 사람은 다 떠났고, 여인과 예수님만 남았습니다. 예수님이 "여자여, 너를 치려던 자들은 다 어디 갔느냐?"고 물으시자 여인은 "주님, 다 떠났습니다"라고 대답했습니다. 예수님은 "나도 너를 정죄하지 아니하노니 가서 다시는 죄를 범하지 말라"고 하셨습니다(요 8:3-11).

여인은 예수님을 떠났습니다. 그녀의 마음에 무슨 변화가 일어났을까요? 다시 가서 창녀의 삶을 살았을까요? 아닙니다. 다시 죄를 짓지 않게 하는 비결은 사랑해 주는 것입니다. 용서받고 사랑받아야 다시 죄를 짓지 않을 수 있습니다. 야단맞으면 또 죄를 짓게 되어 있습니다.

호세아 3장 1절을 현대인의성경으로 보면 이렇습니다. "여호와께서 나에게 말씀하셨다. '너는 다시 가서 간음한 네 아내를 사랑하라. 이스라엘 백성이 다른 신을 섬기고 우상에게 제물로 드리는 건포도 빵을 즐겨도 나 여호와가 여전히 그들을 사랑하는 것처럼 너도 네 아내를 사랑하라.'"

이것이 하나님의 사랑입니다. 참 어렵습니다. 아내가 이 절절한 남편의 사랑을 모릅니다. 그러나 하나님은 그런 아내라 할지라도 버리지 말라고 하십니다. 그 이유는 "내가 너를 버리지 않았기 때문이다"라고 말씀하십니다. 이 정도까지 사랑하면 깨질 가정은 하나도 없습니다. 집 나간 자녀는 절대 생기지 않습니다.

인간은 깨끗하고 거룩한 존재가 아니며 실수투성이요 연약한 존재입니다. 결혼 생활은 가만히 있으면 잘 유지되지가 않습니다. 피눈물 나는 노력으로 가정을 지켜야 합니다. 하나님이 사랑을 부어 주셔야만 우리는 진정한 사랑을 할 수 있습니다. 인간 스스로의 능력으로는 사랑할 수 없습니다. 인간이 사랑할 수 있다는 착각은 본능이요, 쾌락이며 이기적인 것일 뿐입니다. 우리는 이 사실을 인정하고 이해해야 합니다. 배우자를 사랑하는 것은 하나님이 나를 사랑하신 것처럼 그의 허물을 덮어 주고 용서해 주는 것을 의미합니다.

그동안 관계가 소원했던 부부가 있다면 당장 전화하고, 오늘 저녁에라도 대화를 시작하십시오. 그리고 자신의 가정과 부부만을 위해 기도하지 말고 주변에 있는 상처받고 깨진 가정을 위해 기도합시다.

하나님의 도우심이 없으면 우리의 결혼 생활은 유지가 불가능합니다. 또한 서로 간에 피눈물 나게 노력하지 않으면 가정은 오래가지 못합니다. 가정이라는 것은 남편과 아내가 죽을힘을 다해서 지켜야 하는 것입니다.

하나님이 사랑을 부어 주셔야만 우리는 진정한 사랑을 할 수 있습니다. 인간 스스로의 능력으로는 사랑할 수 없습니다. 배우자를 사랑하는 것은 하나님이 나를 사랑하신 것처럼 그의 허물을 덮어 주고 용서해 주는 것을 의미합니다.

아나니아라 하는 사람이 그의 아내 삽비라와 더불어 소유를 팔아 그 값에서 얼마를 감추매 그 아내도 알더라 얼마만 가져다가 사도들의 발 앞에 두니 베드로가 이르되 아나니아야 어찌하여 사탄이 네 마음에 가득하여 네가 성령을 속이고 땅값 얼마를 감추었느냐…너희가 어찌 함께 꾀하여 주의 영을 시험하려 하느냐 보라 네 남편을 장사하고 오는 사람들의 발이 문 앞에 이르렀으니 또 너를 메어 내가리라 하니 곧 그가 베드로의 발 앞에 엎드러져 혼이 떠나는지라 젊은 사람들이 들어와 죽은 것을 보고 메어다가 그의 남편 곁에 장사하니 온 교회와 이 일을 듣는 사람들이 다 크게 두려워하니라

행 5:1–11

5
하나님보다
사람들이 신경 쓰이는
이에게

아나니아와 삽비라

신약성경에서 우리는 아주 중요한 부부의 모델을 엿볼 수 있습니다. 하나는 이상적인 모델이요, 또 하나는 매우 불행한 모델입니다. 이상적인 모델은 아굴라와 브리스길라 부부이고, 불행한 모델은 아나니아와 삽비라 부부입니다. 이 장에서는 먼저 아나니아와 삽비라 부부에 대해서 살펴보도록 하겠습니다.

살다 보면 서로 사랑하는 부부보다는 싸우는 부부가 많고, 멋있게 사는 부부보다는 그저 그렇게 사는 부부가 더 많은 것 같습니다. 그리스도인 부부들 가운데 대개의 경우는 아내가 믿음이 좋으면 남편이 믿음이 약하다든지, 남편이 믿음이 좋으면 아내가 믿음이 약해서 종종 부부 싸움이 일어나곤 합니다.

그런데 때로 부부가 합해서 악을 이루는 경우도 있습니다. 부부가 함께 술집을 운영한다든지, 아내는 망을 보고 남편은 도둑질을 한다든지 그 양상은 다양합니다. 어떻게 보면 이 경우도 부부가 하나 된 것이기는 합니다.

아나니아와 삽비라 부부가 그러했습니다. 이 부부는 어찌 그리 똑같은지, 한 명이라도 새벽기도회에 나오면 좋을 텐데 둘 다 똑같으니까 둘 다 죽었습니다. 그 배경이 사도행전 5장 1-2절에 기록되어 있습니다. "아나니아라 하는 사람이 그의 아내 삽비라와 더불어 소유를 팔아 그 값에서 얼마를 감추매 그 아내도 알더라 얼마만 가져다가 사도들의 발 앞에 두니."

아나니아와 삽비라 부부에게 별명을 붙인다면 '하나님을 속인 부부'라 할 수 있습니다. 그들은 사람들에게는 멋있어 보였으나 하나님을 속였습니다. 우리는 이 부부를 통해 하나님은 거짓말하는 사람을 미워하시고, 겉과 속이 다른 것을 싫어하신다는 사실을 알 수 있습니다. 하나님은 겉과 속이 일치하는 사람을 좋아하십니다.

아나니아와 삽비라는 겉보기에는 아주 훌륭한 부부였습니

다. 그들은 자기의 소유를 팔아서 교회에 헌금한 믿음이 굉장한 사람들이었지요. 여기서 아나니아와 삽비라가 왜 헌금을 했는지, 그 이유를 알 필요가 있습니다.

사도행전 4장을 보면, 바나바가 자기 소유를 다 팔아서 사도들 앞에 내놓았습니다. 그런데 그로 인해 바나바는 초대교회 교인들로부터 존경을 받게 되었습니다. 아나니아와 삽비라 부부는 그런 바나바가 몹시 부러웠던 모양입니다. '아, 땅을 팔아 그 값을 바치면 우리도 사람들에게 존경과 사랑을 받을 수 있겠구나.' 신앙의 동기가 아니라 사람들의 시선 때문에 이 부부는 바나바를 흉내 내기로 결심했던 것입니다. 그래서 그들은 자기 소유를 팔아서 헌금을 했습니다.

사람들은 다 놀랐습니다. 그러나 하나님은 놀라지 않으셨습니다. 그 이유는 "그 값에서 얼마를 감추매 그 아내도 알더라 얼마만 가져다가 사도들의 발 앞에"(행 5:2) 두었기 때문입니다. 얼마만 가져다가 사도들의 발 앞에 두는 것이 무엇이 나쁩니까? 이 부부의 문제는 그것이 '전부'라고 말한 데 있었습니다.

여기서 우리는 하나님의 속성 두 가지를 알 수 있습니다. 첫째, 하나님은 거짓말을 싫어하십니다. 우리가 가진 것 중에 10원을 헌금한 것에는 아무런 문제가 없습니다. 10원을 내면서 다 냈다고 하는 데 문제가 있는 것입니다. 땅값을 다 낼 상황이 여의치 않으면 "이만큼만 냅니다" 하면 되지요. 그러면 하나님이 무척 기뻐하십니다. 그런데 그들은 일부를 감추고 헌금을 하고는 다 했다고 하나님 앞에서 거짓말을 했습니다. 여기서 하나님의 분노가 시작되었습니다.

둘째, 하나님은 특히 종교적인 위선을 싫어하십니다. 없으면 없는 대로 살고, 있으면 있는 대로 살면 됩니다. 하나님은 헌금을 하지 않는다고 해서 야단하는 분이 결코 아니십니다. 돈이 없다고, 힘이 없다고, 건강이 따라 주지 않는다고, 직장이 없다고 절대 우리를 무시하지 않으십니다. 하나님은 결코 우리를 2류 인생으로 대하지 않으십니다.

"어찌하여 사탄이 네 마음에 가득하여 네가 성령을 속이고 땅 값 얼마를 감추었느냐"(행 5:3)라는 베드로의 말에서 우리는 또 다시 두 가지 사실을 배울 수 있습니다. 첫째, 사람이 거짓말하는 이유입니다. 그것은 사탄이 마음에 가득하기 때문입니다. 사탄이 마음에 가득하면 진실하기가 어렵습니다. 둘째, 성령을 속일 때 우리는 거짓말하게 된다는 것입니다.

베드로는 이 두 가지 사실을 무섭게 집어냈습니다. "땅이 그대로 있을 때에는 네 땅이 아니며 판 후에도 네 마음대로 할 수가 없더냐 어찌하여 이 일을 네 마음에 두었느냐 사람에게 거짓말한 것이 아니요 하나님께로다"(행 5:4).

땅을 팔지 않아도 됩니다. 헌금하지 않아도 됩니다. 우리가 하나님께 드리지 못하는 다양한 형편에 대해서 하나님은 나무라지 않으십니다. 혹여 땅을 판 후 그 값을 자신이 다 쓴다 해도 하나님은 절대 야단하지 않으십니다. 그런데 하나님이 싫어하시고 받아들이지 못하시는 것이 있는데, 그것은 하나님께 거짓말하는 것입니다. 하나님은 진실을 원하십니다.

하나님은 외모로, 헌금 액수로, 봉사의 양으로 우리를 평가하지 않으십니다. 우리가 봉사하지 못할 수도 있습니다. 못하면 못하는 대로, 없으면 없는 대로 하면 됩니다. 하나님은 언제나 가난한 자의 편이시고, 고아와 과부의 편이시고, 외로운 사람들의 편이십니다. 진정한 교회는 진정 가난한 자들이 모일 때 이루어질 수 있습니다.

하나님이 가장 미워하시는 것은 종교적 위선입니다. 잘못된 신앙은 잘못된 신관에서 나옵니다. 결국 아나니아와 삽비라의 문제는 다시 원점으로 돌아갑니다. 이 부부는 하나님을 오해한 것입니다. 우리는 하나님을 오해해서는 안 됩니다. 진실보다 중요한 것은 없습니다. 하나님이 가장 기뻐하시는 모습은 '내 모습 이대로'입니다. 거짓말은 사람에게 한 것처럼 보이지만 사실은 하나님께 한 것이라고 성경은 말합니다.

이에 5절에서 하나님의 심판이 임합니다. "아나니아가 이 말을 듣고 엎드러져 혼이 떠나니 이 일을 듣는 사람이 다 크게 두려워하더라." 여기서도 두 가지 사실을 알 수 있습니다. 거짓말은 죽음을 가져올 수 있다는 것과, 죽음은 모든 사람에게 두려움을 준다는 것입니다.

그런데 7-8절에서 너무나 안타까운 사건이 벌어집니다. "세 시간쯤 지나 그의 아내가 그 일어난 일을 알지 못하고 들어오니 베드로가 이르되 그 땅 판 값이 이것뿐이냐 내게 말하라 하니 이르되 예 이것뿐이라 하더라." 베드로가 "그 땅 판 값이 이것뿐이냐?"라고 묻자 삽비라는 "네, 이게 전부입니다"라고 대답했습니다. 사실 그녀는 헌금의 뜻을 잘 몰랐습니다. 봉사의 뜻도 잘 알지 못했습니다. 하나님은 봉사의 모양을 보고 아실 뿐 아니라 헌금의 양도 보고 아셨던 것입니다.

하나님은 가난한 분이 아니십니다. 하나님을 동정하지 마십시오. 교회를 동정하지 마시기 바랍니다. 헌금은 하나님을 향한 내 사랑의 고백이요 헌신입니다. 하나님이 복을 주신 데 대한 감사의 표현입니다. 그래서 누가복음 21장에서 생활비의 전부인 두 렙돈을 헌금한 과부의 헌신이 얼마나 소중한지 모릅니다.

아나니아와 삽비라 부부는 자신들이 베드로와 초대교회를 도와줄 수 있다고 생각했습니다. 그러나 그것은 하나님이 원하시는 바가 아니었습니다. 베드로가 "이게 전부냐?"라고 물은 것은 숨겨 놓은 돈을 더 내놓으라는 협박조의 말이 아닙니다. "나는 진실을 알기 원한다"라는 하나님의 음성인 것입니다. 하나님은 정직을 원하십니다.

9절을 보면 심각한 상황 가운데 재미있는 표현이 나옵니다. "베드로가 이르되 너희가 어찌 함께 꾀하여 주의 영을 시험하려 하느냐 보라 네 남편을 장사하고 오는 사람들의 발이 문 앞에 이르렀으니 또 너를 메어 내가리라 하니." '너희가 어찌 함께'라는 구절입니다. 어쨌든 이 부부는 하나였던 것이지요.

"주의 영을 시험한 너는 죽을 것이다. 네 남편이 죽은 것처럼 너도 죽을 것이다"라는 베드로의 말이 떨어지는 순간 삽비라는 남편과 같이 즉사했습니다.

저는 이 말씀을 읽을 때 "하나님은 사랑이시라"(요일 4:16)라는 말씀과 너무 대조되어 낙심이 되었습니다. 저 역시 주일학교 학생 때 부모님이 헌금하라고 주신 돈으로 꼭 엿을 사 먹었거든요. 물론 나중에 회개하기는 했습니다. 그것이 우리 인간입니다. 인간은 하나님 앞에서 자기 모습을 다 드러내면 살 수가 없습니다. 그래서 아나니아와 삽비라 부부는 다 죽었습니다. "곧 그가 베드로의 발 앞에 엎드러져 혼이 떠나는지라 젊은 사람들이 들어와 죽은 것을 보고 메어다가 그의 남편 곁에 장사하니 온 교회와 이 일을 듣는 사람들이 다 크게 두려워하니라"(행 5:10-11).

이와 같은 끔찍한 일은 기독교 역사상 단 한 번만 있기를 간절히 원합니다. 이것은 하나님이 교회에 주시는 경고입니다. 교회를 만만하게 생각해서는 안 됩니다. 이것이 바로 교회인 것입니다. 하나님은 거룩과 순결, 정직을 원하십니다. 그래서 하나의 모델을 우리에게 보여 주신 것입니다.

하나님은 종교적 위선을 싫어하시고, 정직과 순결을 원하십니다. 하나님은 우리가 얼마나 일하느냐가 아니라 어떻게 일하느냐를 보십니다. 어떤 태도로, 어떤 마음으로 일하느냐가 봉사의 원칙이요, 헌신의 원칙입니다. 사람들 앞에서 자신이 믿음 좋다고 아무리 자랑해 봐야 소용없습니다. 하나님이 인정해 주셔야 합니다.

    불행한 부부, 함께 악을 저지르는 부부, 아내는 망을 보고 남편은 도둑질하는 부부가 되어서는 안 될 것입니다. 함께 선을 행하고, 함께 주님의 일을 하는 복되고 아름다운 부부가 되시기를 바랍니다.

하나님이 싫어하시고 받아들이지 못하시는 것이 있는데,

그것은 하나님께 거짓말하는 것입니다. 하나님은 진실을

원하십니다.

하나님은 우리가 얼마나 일하느냐가 아니라 어떻게 일하느냐를 보십니다. 어떤 태도로, 어떤 마음으로 일하느냐가 봉사의 원칙이요, 헌신의 원칙입니다.

그 후에 바울이 아덴을 떠나 고린도에 이르러 아굴라라 하는 본 도에서 난 유대인 한 사람을 만나니…그가 그 아내 브리스길라 와 함께 이달리야로부터 새로 온지라 바울이 그들에게 가매 생 업이 같으므로 함께 살며 일을 하니 그 생업은 천막을 만드는 것이더라…알렉산드리아에서 난 아볼로라 하는 유대인이 에베 소에 이르니 이 사람은 언변이 좋고 성경에 능통한 자라 그가 일찍이 주의 도를 배워 열심으로 예수에 관한 것을 자세히 말하 며 가르치나 요한의 세례만 알 따름이라 그가 회당에서 담대히 말하기 시작하거늘 브리스길라와 아굴라가 듣고 데려다가 하나 님의 도를 더 정확하게 풀어 이르더라

행 18:1-3, 24-26

6
부부에서
동역자로 성장하기
원하는 이에게

아굴라와 브리스길라

아굴라와 브리스길라 부부는 마음이 하나 되어 주님을 잘 섬김으로 이상적인 부부의 모델이 되었습니다. 아굴라는 유대인이고, 브리스길라는 발음으로 보건대 로마인으로 추정됩니다. 본도에서 태어난 유대인인 아굴라는 브리스길라라는 여인을 만나 결혼을 하게 됩니다.

아마 이 부부는 로마에 있을 때 예수님을 믿게 된 것 같습니다. 글라우디오가 모든 유대인을 로마에서 축출할 때 아굴라와 브리스길라 부부는 이탈리아를 떠나 아시아 지역으로 이

주하게 되었습니다. 그리고 그곳에서 바울을 만났습니다. 좋은 멘토, 영적 지도자 바울과 이상적인 모델이 되는 부부의 역사적 만남이 이루어진 것입니다. 영적 지도자를 만나면서부터 아굴라와 브리스길라 부부의 인생에는 변화가 시작됩니다.

그들은 목회자도, 선교사도 아닌 평신도들이었습니다. 오늘날 우리는 평신도의 모델을 생각할 때면 항상 아굴라와 브리스길라 부부를 생각하곤 합니다. 얼마나 아름답고 놀라운 부부인지요. 그들은 바울을 만난 후 평생 동안 그를 따라다니면서 뒷바라지하고 심부름해 주었습니다. 바울이 어렵고 힘들 때, 궁핍할 때 이 부부는 앞장서서 일을 도맡아 감당했습니다. 저는 모든 교회에 아굴라와 브리스길라 같은 평신도 사역자들이 많이 생기기를 바랍니다.

이상적인 교회에는 세 가지 특징이 있습니다. 첫째, 성령에 의해 움직이는 교회입니다. 둘째, 목사가 아니라 헌신된 평신도들에 의해서 움직이는 교회입니다. 얼마나 훌륭하고 좋은 교회인가는 사람이 얼마나 모이느냐가 아니라 평신도들이 세상에서 얼마나 영향력을 미치면서 살아가느냐로 결정됩니다. 평신도가 교회의 주역으로서 교회를 이끌어 가는 교회가 성숙한 교회입니다. 셋째, 수단이 아니라 목적이 이끌어 가는 교회입니다.

우리는 바울과 동역하면서 복음화에 앞장선 평신도 부부 아굴라와 브리스길라를 보게 됩니다. "생업이 같으므로 함께 살며 일을 하니 그 생업은 천막을 만드는 것이더라"라는 사도행전 18장 3절에 의하면, 이 부부는 바울과 같은 직업을 가졌습니다. 바울은 천막을 만드는 일을 했습니다. 즉 바울과 아굴라와 브리스길라는 교회에서 사례비를 받는 것이 아니라 스스로 일해서 생계를 유지하고 복음을 전한 자비량 사역자들이었던 것입니다.

로마서 16장 3-4절에서 바울은 아굴라와 브리스길라 부부를 소개하면서 이렇게 말합니다. "너희는 그리스도 예수 안에서 나의 동역자들인 브리스가와 아굴라에게 문안하라 그들은 내 목숨을 위하여 자기들의 목까지도 내놓았나니 나뿐 아니라 이방인의 모든 교회도 그들에게 감사하느니라." 그리스도 예수 안에서 바울 자신의 심부름꾼이 아니라 동역자였다는 것입니다.

목사와 교인은 동역자 관계입니다. 지위고하가 없는 형제요 자매입니다. 장로는 더 훌륭하고, 권사는 더 뛰어나다고 말할 수 없습니다. 우리는 그리스도 안에서 다 같은 동역자요 함께

일하는 친구들입니다. 목사는 목사의 역할을, 장로는 장로의
역할을, 권사는 권사의 역할을, 집사는 집사의 역할을 할 뿐 교
회 안에는 계급이 있을 수 없습니다. 그래서 바울은 자기를 돕
는 아굴라와 브리스길라 부부를 향해 '내 친구요 동역자이며,
직장 동료'라고 말합니다. 주님의 나라를 함께 건설해 가는 놀
랍고 아름다운 관계를 여기서 보게 됩니다.

사도행전에는 '아굴라와 브리스길라'라고 되어 있지만 로마
서에는 '브리스길라와 아굴라'라고 되어 있습니다. 어떤 사람
의 해석에 의하면, 아굴라는 굉장히 조용한 사람이었던 반면
에 브리스길라는 열정적인 여인이었다고 합니다. 따라서 아내
가 더 유명해서 이름이 앞서 나오는 것이라고 합니다. 어떤 부
부는 남편이 열심인 경우가 있고, 또 어떤 부부는 아내가 열심
일 수 있습니다. 어찌 되었든 부부가 함께 하나님의 일을 한다
는 것은 복된 일입니다.

교인들 중에 남편이 교회에 안 나오는 분들의 최대 소망은
부부가 함께 교회에 나오는 것입니다. 어떤 분은 집사 안수를
받을 자격이 되었는데 자꾸 늦춥니다. 남편과 같이 받겠다는
이유에서입니다. 아내가 혼자 직분을 받으면 믿음의 수준이
달라져서 힘들고 어렵다고 하더군요. 혼자 교회에 올 때마다

마음이 괴롭다고 말씀하시는 분들이 참 많습니다.

아굴라와 브리스길라 부부는 함께 주님의 일을 했습니다. 직업을 가지고 생계를 유지하는 평신도들이었지만 교회와 복음에 관심이 많았습니다. 그리고 그들은 '내 일을 통해 하나님의 일을 어떻게 더 잘 감당할 수 있을까?' 고민했습니다. 이것이 바로 평신도 지도자들의 역할입니다. 그들은 직업을 가지고 돈을 벌면서 목회자만큼 헌신합니다.

부부가 예수님을 제대로 믿게 되면 목적이 생깁니다. '하나님이 우리 가정을 세우신 목적이 무엇인가?'를 생각하게 됩니다. 모든 그리스도인 부부들에게는 함께 예수님을 섬기면서 무슨 일을 어떻게 할 것인지에 대한 거룩한 목적이 있어야 합니다.

시애틀에서 목회하고 있는 한 목사님의 아내분께 굉장히 놀랄 만한 이야기를 들었습니다. 그분의 말에 의하면, 과거에 남편이 유력 일간지 기자도 했고, 대그룹 비서실에 있으면서 승승장구했다고 합니다. 월급도 많이 받고, 인정도 받고, 신 나서 밤을 새워 가며 일을 하는데 자신은 그런 남편을 보면서 너무 슬펐다고 합니다. 그 똑똑하고 젊은 사람이 세상을 위해서 코피 터지고 돈 버는 데 재미를 붙인 것을 보니까 정말 불쌍했다고 합니다. 그래서 "하나님! 저희 남편이 목사가 되게 해 주세요"라고 혼자 기도했습니다. 기도원에서 금식 기도 하고 나서 남편에게 이야기했더니 어림도 없는 소리라고 면박을 당했습니다.

그런데 대단한 것이, 이 아내분이 남편 몰래 금식 기도를 하면서 회사에서 받은 보너스를 따로 모아 남편 신학교 등록금을 준비했다고 합니다. 이 사실을 알게 된 남편이 신학교는 안 다니겠다고 고집하자 직장을 다니면서 야간 신학교에 가서 예수님을 좀 더 잘 믿으면 좋지 않겠냐고 설득했고, 마침내 야간 신학교에 발을 들여놓게 되었습니다. 그리고 얼마 지나지 않아 남편은 신학교에 입학, 목사가 되었습니다.

그런데 여기 더 놀라운 사실이 있습니다. 드디어 아내가 열심히 기도해서 남편이 목사가 되었는데, 정작 자신은 목사의 아내가 될 생각을 전혀 하지 못했던 것입니다. 자기는 목사의 아내가 될 은사가 전혀 없다고 했습니다. 그래도 남편이 목사가 되기를 원해서 한참을 밀고 갔더니 어느 날 자기가 목사의 아내가 되어 있었다고 합니다. 수줍음을 많이 타고 말을 잘 못하는 분이 놀랍게도 남편보다 목회를 더 잘했습니다. 돌아다니면서 교인들을 뒷바라지하는 그분의 모습을 보면서 '거룩한 목적은 아름다운 역사를 이루는구나' 하고 깨닫게 되었습니다.

아내들이여, 남편을 위해 거룩한 목적을 가지십시오. 아직 부부가 예수님을 제대로 믿게 되면 목적이 생깁니다. '하나님이 우리 가정을 세우신 목적이 무엇인가?'를 생각하게 됩니다. 모든 그리스도인 부부들에게는 함께 예수님을 섬기면서 무슨 일을 어떻게 할 것인지에 대한 거룩한 목적이 있어야 합니다.

교회에 나오지 않는 남편을 놓고 "주님! 저희 남편을 장로로 만들어 주세요"라고 기도하기 시작하세요. 그러면 장로가 될 줄로 믿습니다. 자신은 예배에 별로 관심이 없는데 아내를 교회에 데려다 주는 운전수로 있다가 어느덧 장로가 된 분을 여럿 보았습니다. 그런 남편들을 보면 정말 하나님의 아름다운 신비를 느낍니다. 부부의 거룩한 목적을 보게 됩니다. 이렇게 기도합시다. "부부가 함께 교회에 오게 해 주옵소서. 하나님의 일을 하는 아름답고 복된 부부가 되게 해 주옵소서."

로마서 16장 4절을 보면, 아굴라와 브리스길라는 바울을 위해 자기들의 목숨까지도 내놓았다고 합니다. 이 부부가 바울을 얼마나 극진히 섬겼는지 알 수 있습니다. 이에 바울은 고린도전서 16장 19절에서 "아시아의 교회들이 너희에게 문안하고 아굴라와 브리스가와 그 집에 있는 교회가 주 안에서 너희에게 간절히 문안하고"라고 인사하고, 디모데후서 4장 19절에서는 "브리스가와 아굴라와 및 오네시보로의 집에 문안하라"고 인사했습니다.

바울은 편지를 쓸 때마다, 어디를 가든 아굴라와 브리스길라 부부를 기억했습니다. 그들 셋은 떼려야 뗄 수 없는 관계였던 것입니다. 목숨이라도 내놓을 수 있는 동역의 관계를 가능케 한 이들이 바로 아굴라와 브리스길라 부부입니다.

모든 교회에 아굴라와 브리스길라 같은 아름다운 부부가 많아지면 좋겠습니다. 아굴라와 브리스길라같이 복음에 헌신된 부부가 될 수 있도록 기도하십시오. 이 부부가 바울과 아름다운 동역의 관계를 맺은 것처럼 목회자와 아름다운 동역의 관계를 맺기를 기도하십시오. 지금은 배우자가 믿음이 어리지만, 아직 교회에 발을 들여놓지도 않았지만 빠른 시일 내에 아굴라와 브리스길라처럼 이상적인 부부의 모델이 되어 있을 줄 믿습니다.

자녀들아 주 안에서 너희 부모에게 순종하라 이것이 옳으니라
네 아버지와 어머니를 공경하라 이것은 약속이 있는 첫 계명이
니 이로써 네가 잘되고 땅에서 장수하리라 또 아비들아 너희 자
녀를 노엽게 하지 말고 오직 주의 교훈과 훈계로 양육하라

엡 6:1-4

7
자녀 교육법을 배우기 원하는 이에게

믿음의 가정을 위한 부모 자녀 계명

전통 이스라엘 백성들인 유대인들에게는 중요한 세 가지 가치가 있습니다. 가치란 무엇이 더 중요하고, 무엇이 덜 중요한지를 결정하는 기준입니다.

첫째, 유대인들은 하나님의 말씀을 중요한 가치로 생각합니다. 그들은 항상 성경 중심입니다. 지금도 유대인들은 디아스포라로 어디를 가든지, 어떤 상황에 있든지 항상 하나님의 말씀, 특별히 모세오경인 율법을 중심으로 삶을 꾸려 갑니다. 하다못해 그들은 음식도 성경대로 먹습니다. 이해할 수 없을 정도로 철저하게 율법적으로 살아갑니다.

유대인들은 자기 스스로를 구별된 자로 생각해 지금도 수염을 기르거나 검정색 옷과 모자를 착용합니다. 현대 문명에 맞지 않아도 원칙을 지킵니다. 자녀 교육도 남다릅니다. 유대인들은 언제나 그들만의 촌을 만듭니다. 어디를 가든 그들만의 그룹이 있고, 학교가 있고, 교육이 있습니다. 미국 교육이 아무리 좋아도 유대인식 교육을 절대 포기하지 않습니다.

유대인들은 자녀들이 어렸을 때부터 성경을 읽게 하고, 외우게 하고, 몸에 지니게 하고, 미간에 붙이게 하고, 손목에 달게 합니다. 그래서 어릴 때부터 '나는 말씀의 아들이다. 나는 성경대로 산다'는 사고방식을 가질 수 있도록 철저하게 세뇌 교육을 시킵니다. 그들은 지식을 전해 주는 세상 교육이 아니라 신앙 교육을 시킵니다.

부모들이여, 자나 깨나 하나님의 말씀을 묵상하고, 마음과 뜻과 정성을 다해 주 하나님을 사랑하고 섬기는 자녀로 양육하십시오. 어디를 가나 성경 말씀을 중심으로 사는 자녀, 말씀과 늘 함께하는 자녀로 키우십시오. 부모는 언제까지고 자녀를 끼고 살 수 없습니다. 때가 되면 떠나야 하고, 언젠가는 자녀를 내보내야 합니다. 부모가 흔히 저지르는 큰 착각은 자녀가 자기 소유이고, 또 자녀를 끝까지 돌볼 수 있다고 생각하는 것입니다. 부모는 자녀를 끝까지 돌볼 수 없습니다. 어차피 자녀는 홀로 이 세상을 살아가야 합니다.

자녀 교육의 가장 큰 목표는 '어떻게 하면 홀로 이 험한 세상을 잘 살아가도록 도울 수 있을까?'입니다. 그러므로 하나님을 대신하는 부모는 자녀에게 하나님의 말씀으로 살아가야 한다는 것을 가르쳐 주어야 합니다. 말씀의 자녀로 키워야 합니다.

둘째, 유대인들은 성전 중심을 중요한 가치로 생각합니다. 그들은 어디를 가든 회당을 만듭니다. 가장 값비싼 것으로, 가장 소중하게 만듭니다. 초대교회 교인들 및 우리 부모님 세대는 성전 중심으로 철저한 신앙 교육을 했습니다. 그런데 요즘은 그렇지 않은 것 같습니다. 교회가 너무 많이 싸우고 헤어지고 있기 때문입니다. 개신교는 너무나 쉽게 교회를 깨고, 싸우고, 합칩니다. 하나님의 집을 인간의 욕망, 인간의 이해관계에 의해 마음대로 좌지우지합니다. 회당을 중요하게 생각하는 유대인들에게 교회가 싸우고 갈라선다는 개념은 있을 수가 없습니다. 이것은 자녀 교육에 치명타를 주는 것입니다.

우리는 자녀로 하여금 교회 주변에서 항상 맴돌게 하고, 교회에서 살게 하고, 교회와 더불어 살게 해야 합니다. 구약식으로 표현하면 '성전 중심의 삶', 신약식으로 표현하면 '교회 중심의 삶'을 살게 해야 합니다. 쉽게 말하면 교회를 떠나지 않도록 하는 것입니다.

교회를 떠나지 않게 하는 유일한 방법은 교회에 자주 데려오는 것입니다. 집이 익숙한 것은 집에서 주로 살기 때문이지요. 집에서 밥을 먹고, 잠을 자고, 무슨 일이든 다 하기 때문에 집이 편안하고 익숙한 것입니다. 그런데 어떤 집은 여관이나 기숙사같이 느껴집니다. 우리는 교회가 집이요, 고향처럼 느껴지도록 자녀가 항상 교회 중심으로 살아가도록 해야 합니다.

셋째, 유대인들은 가정을 중요한 가치로 생각합니다. 그들은 언제나 가정 중심입니다. 그래서 유월절 잔치나 성년식, 할례 의식 등 가정 행사가 많습니다. 자녀들은 사회의 일원으로서 다양한 동아리나 친구 모임이나 학교에 속해 있지만 무엇보다도 가정이 언제나 그 머릿속에 있어야 합니다. 가정을 소중하게 생각하고, 부모와 형제자매, 할아버지, 할머니를 소중하게 생각해야 합니다. 자녀 교육에 있어서 믿음이 대대로 전승된 가정은 무엇보다 소중한 가치입니다.

저는 하와이에서 1년간 안식년을 보낸 적이 있습니다. 바로 윗집에 유대인 가정이 살았는데, 친하게 지냈습니다. 남편분의 부모님은 뉴욕에 살았고, 아내 되시는 분은 대학 교수였습니다. 그들은 직업을 포기하고 하와이의 시골 지역으로 이사를 온 것이었습니다. 이유는 자녀 교육 때문이었습니다. 12세에 아이의 성년식을 해 주던 그 부부는 유대인의 자녀 교육 원리 하나를 가르쳐 주었습니다.

"절대 자녀하고 싸우거나 상처를 주지 마십시오. 그렇지 않으면 아이가 성인이 된 후 당신 품으로 돌아오지 않습니다. 함께 사는 내내 '어떻게 하면 이 집을 떠날 수 있을까? 지금은 돈이 없으니까 할 수 없이 붙어살지만, 능력만 있으면 이 집을 당장 떠날 거야'라고 생각하게 됩니다. 혼날 일이 있으면 학교 선생님이나 군대 선임들에게 야단맞게 하십시오. 다만 부모와는 좋은 관계를 유지하는 것이 좋습니다. 그러면 세상에서 야단맞은 아이가 집으로 뛰어와서 엄마, 아빠에게 위로를 받게 됩니다."

참 재미있는 이야기이지요. 자녀가 아무리 힘들게 해도 부모가 직접 부딪치면 상처를 줄 수 있다는 것입니다. 그리고 덧붙여서 한 말이, "항상 말씀 중심으로 살게 하십시오. 어디를 가든지 항상 교회 중심으로 살고, 따뜻한 밥이 있는 가정을 생각하게 하십시오"라는 것이었습니다.

한국 사회와 가정의 가장 큰 위기는 밤에 밖에 나가서 할 일이 너무 많다는 데 그 원인이 있습니다. 저는 영국에서 3년간 있었는데, 그곳은 밤 8시가 넘으면 세상이 조용합니다. 그런데 우리나라는 밤 8시가 되어도 여전히 복잡합니다. 할 일이 많으니까 새벽 2시까지 분주합니다. 그러니 밤 9시가 되면 누구든 나가 봐야 별 볼 일 없어서 불 끄고 문 닫게 해야 사회가 조용해질 것입니다. 우리나라도 항상 가정을 생각하는 사회, 하나님의 말씀을 중요하게 생각하는 사회, 교회가 중심이 되는 사회가 되기를 바랍니다.

자녀 교육에 있어서 비극은 원칙이 없다는 것이요, 가치가 흔들린다는 것입니다. "인생에서 무엇을 가장 중요하게 생각하는 자녀로 키울 것인가? 또 어떻게 양육할 것인가?"에 대해서 부모들에게 분명한 철학이 없습니다. 시키는 공부 잘하면 되고, 출세하면 되고, 반장 되면 된다는 식으로 원칙 없이 살아왔기 때문에 자녀들이 흔들리는 것입니다.

그렇게 생각해 보니 유대인들의 세 가지 가치가 참 중요하다는 사실을 깨닫게 됩니다. 우리 자녀들에게 성경 중심의 삶, 성전 중심의 삶, 가정 중심의 삶이 얼마나 중요한지 모릅니다. 부모들이여, 어디를 가든지 자녀들이 하나님의 말씀을 중심으로 살아가고, 교회를 높이고 교회에 헌신하는 삶을 살며, 그리스도 안에서 가정을 중심으로 살아가도록 도와주십시오. 자녀 교육에 있어서 이 성경적인 세 가지 가치를 자녀들에게 세뇌 교육시킬 수 있기를 바랍니다.

여기서 중요한 점이 하나 있습니다. 자녀들은 부모의 말이 아니라 행위로 배운다는 사실입니다. 어떻게 이 세 가지 가치를 따르는 자녀로 양육할 수 있을까요?

첫째, 부모가 성경을 읽어야 합니다. 자녀들이 공부 잘하게 하는 비결은 공부하라고 매일 잔소리하는 것이 아니라 부모가 아이들이 보는 데서 책을 들고 있는 것입니다. 아버지, 어머니가 책을 들고 있으면 자녀들이 책을 읽게 되어 있습니다. 부모가 텔레비전을 보면서 자녀들에게만 공부하라고 하니까 안 하는 것입니다. 부모가 성경 읽는 모습을 먼저 보여 주면 자녀들도 성경을 읽게 되어 있습니다. 그때 자녀가 성경 중심의 삶을 살아갈 수 있습니다.

둘째, 부모가 먼저 교회를 소중하게 생각하고 정성을 쏟으십시오. 교회에 최선을 다하십시오. "우리 엄마, 아빠가 교회 강대상 만들었다!", "우리 엄마, 아빠가 교회 피아노 만들었다!" 하고 자랑하게 하십시오. 자녀들은 다 보고 자랍니다. 그리고 커서 그대로 합니다. 목회자를 대하는 태도, 교회에 대한 태도, 성도들을 대하는 태도를 닮습니다.

교회에 가서 늘 식사를 준비하고, 봉사하고, 나눔 장터에서 옷가지를 팔고, 먼지 나는 데서 섬기면 자녀들이 따라다니면서 봅니다. 그러면서 "우리 엄마는 나눔 장터에 가서 옷가지에 묻은 먼지 털고, 1,000원, 2,000원 모아서 어려운 사람에게 나눠 준다!" 하고 자랑합니다. 이런 부모의 모습을 보고 자라게 하는 것이 진짜 교육, 살아 있는 교육입니다. 보지 못하면 실천하기 어렵습니다.

제 이야기를 해 보겠습니다. 6·25전쟁 바로 직후에 피난 나와서 얼마나 어려웠겠습니까. 그런데 제 머릿속에는 온통 구역 예배에 가서 맛있는 음식을 얻어먹은 기억밖에 없습니다. 예배가 끝날 때까지 기다리면 오징어나 사탕이 나왔습니다. 마지막 순간까지 차마 기다리지 못하고 잠들어 어머니 등에 업혀 나오면 그날은 못 먹는 것이었습니다. 그 기억이 얼마나 소중한지요.

어머니 품에 안겨서 새벽기도회에 갔던 기억도 있습니다. 어린 나이에 깨서 보면 아버지, 어머니가 새벽기도회에 가셔서 무서워 울었던 기억도 있습니다. 눈이 오나 비가 오나 어머

우리 자녀들에게 성경 중심의 삶, 성전 중심의 삶, 가정 중심의 삶이 얼마나 중요한지 모릅니다. 부모들이여, 어디를 가든지 자녀들이 하나님의 말씀을 중심으로 살아가고, 교회를 높이고 교회에 헌신하는 삶을 살며, 그리스도 안에서 가정을 중심으로 살아가도록 도와주십시오.

니, 아버지는 새벽기도회에 다니셨습니다. 그런 부모님의 모습을 늘 보고 자란 제가 어린 나이에 무슨 생각을 했겠습니까? 무슨 논리가 있었겠습니까? 오직 경험밖에는 없는 것입니다.

제가 어릴 때 집에 오면 늘 가난한 사람들이 있었습니다. 어머니는 그들에게 항상 퍼 주셨습니다. 또 저는 어머니가 늘 성미 만드시는 모습을 보며 자랐습니다. 어머니가 라면 봉지를 들고, 쌀자루를 들고 산동네에 가서 늘 퍼 주시니까 안 따라갈 수가 없었습니다. 어머니 뒤를 따라다니면서 어머니의 모습을 지켜보며 자랐습니다. 이것이 산 교육입니다. 부모들이여, 자녀를 위해서라도 가난한 자를 많이 찾아다니시길 바랍니다. 자녀 교육을 위해서 다른 사람을 섬기는 신앙적인 모습을 많이 보여 주십시오.

셋째, 가정보다 더 소중한 가치는 없다는 것을 부모부터 깨닫고 가정 중심으로 살고자 노력해야 합니다. 가치가 있다는 것은 곧 희생을 의미합니다. 다른 데 갈 수 있는데 가정 모임을 가장 소중하게 여겨서 집에 오는 것입니다. 돈 버는 것보다, 권력을 갖는 것보다, 대통령을 만나는 것보다 자녀 또는 배우자와의 약속을 더 중요하게 여기는 것입니다. 이처럼 희생적이고 대가를 치르는 행위 하나하나가 성경적인 자녀 교육의 원리를 만들어 냅니다.

말씀 중심의 교육, 성전 중심의 교육, 가정 중심의 교육은 얼마나 중요한 가치인지 모릅니다. 결코 헤어질 수 없는 가치입니다.

에베소서 6장은 부모와 자녀의 관계를 이야기합니다. 여기서 핵심은 부모와 자녀는 비즈니스가 아니라 관계라는 것입니다. 우리는 관계를 중요하게 생각하지 않을 때가 종종 있습니다. 관계보다 일이 먼저라고 생각합니다. 그렇게 일을 좇다 보면 돈도 벌고, 집도 사고, 필요한 것을 다 소유할 수 있습니다. 하지만 가장 소중한 자녀는 잃어버리게 됩니다. 세상에서 성공은 하지만 가장 소중한 배우자는 잃어버릴 수 있습니다. 세상의 모든 것을 다 얻지만 하나님은 잃어버릴 수 있습니다. 하나님과의 관계, 배우자와의 관계, 부모 및 자녀와의 관계 등 모든 관계에 하나님의 복이 임하기를 바랍니다.

에베소서 6장 1절은 "자녀들아 주 안에서 너희 부모에게 순종하라 이것이 옳으니라"고 말합니다. 모든 자녀들은 부모를 하나님처럼 생각할 수 있어야 합니다. 그것이 부모가 해야 할 일입니다.

하나님은 권위 시스템을 가지고 계십니다. 하나님이 이 세상을 움직이시는 법칙이 바로 권위 시스템입니다. 하나님의 말씀은 권위 그 자체입니다. 하나님의 말씀은 군대나 조직이 아니라 단순한 두루마리, 즉 책입니다. 그런데 모든 사람들이 하나님의 말씀에 순종합니다. 이 작은 책이 얼마나 능력이 있습니까. 몇천 년 동안 사람들은 이 책을 보고 있고, 여기 기록된 말씀에 순종하고 있습니다. 말씀이 하라는 것을 하고, 하지 말라는 것은 하지 않습니다. 말씀을 주야로 묵상하고, 말씀을 사랑합니다. 이것이 권위입니다.

하나님 자체가 우주의 최종적 권위이십니다. 하나님이 계시지 않으면 인간은 허무할 수밖에 없습니다. 최종적 권위가 없기 때문입니다. 이해를 돕기 위해 예를 들어 보겠습니다. 정부가 어떤 결정을 내리면 헌법재판소에서 "옳다", "그르다"라는 마지막 결정을 내립니다. 그 마지막 결정 때문에 법이 권위가 있는 것입니다. 그러면 이 우주에서 인생의 마지막 결정은 누가 내려 줍니까? 하나님이십니다. 이것이 하나님이라는 개념입니다.

이 세상을 움직이는 것은 전부 권위입니다. 군대가 움직이는 동기는 총칼이 아니라 권위입니다. 군대에서 장군, 별이 뜨면 산천초목이 떤다고 말합니다. 그것은 권위를 의미합니다.

군대를 무너뜨리는 방법은 간단합니다. 장군의 권위를 떨어뜨리면 됩니다. 장군을 잡아 가고, 장군에게 창피를 주고, 장군의 위신을 떨어뜨리면 군대에는 사고가 나고, 조직이 흔들리게 되어 있습니다.

마귀의 최고 전략은 권위를 없애 버리는 것입니다. 권위가 없어지면 마귀의 세상이 되고 맙니다. 왜냐하면 하나님이 권위이시기 때문이지요. 따라서 우리는 권위가 존중되는 사회를 만들어야 합니다. 권위 있는 사회를 다른 말로 '질서 있는 사회'라고 말합니다. 하나님은 우리에게 권위를 주십니다. 그런데 마귀는 우리에게 권위주의를 줍니다. 마귀는 권위를 권위주의로 바꿔 놓습니다. 권위주의를 행사하면 사람들은 지옥을 경험하게 됩니다. 권위를 주면 사람들은 천국을 경험하게 됩니다.

학교에서는 선생님이 권위가 있어야 합니다. 교회에서는 목사가 영적 권위가 있어야 합니다. 가정에서는 부모가 권위가 있어야 합니다. 자녀 교육에 위기가 온 것은 부모의 영적 권위가 무너졌기 때문입니다. 부모는 어떤 대가를 치러서라도 부모로서의 권위를 지켜야 합니다. 자식을 때리고, 야단치고, 멱살 잡고 끌고 와서 세우는 권위는 가짜입니다. "이리 와!" 한마디 하면 오게 하는 권위가 있어야 합니다.

가정에 필요한 것은 권위주의가 아니라 권위입니다. 교회에는 권위주의가 아니라 권위가 필요합니다. 이것이 하나님의 시스템입니다. "자녀들아 주 안에서 너희 부모에게 순종하라"는 말씀은 바꿔 말하면 "자녀들이여, 부모의 권위를 인정하라. 그 권위에 손상을 주지 말라"는 것입니다. 대통령이든, 장군이든, 교수든 자기 분야에서 권위가 있어야 합니다. 아버지는 가장으로서 권위가 있어야 합니다. 그래야만 가정이 지켜지고, 사회가 지켜지고, 조직이 움직이는 것입니다.

누가 감시하지 않아도 제 기능을 감당하는 것이 바로 하나님의 권위 시스템입니다. 자녀들은 세상 안에서 세상의 방법대로 사는 것이 아니라 주 안에서 하나님의 권위를 인정해야 합니다. 권위를 인정하는 방법은 순종입니다. 순종은 맹종과 달리 억지로 따르는 것이 아니라 자발적으로, 의지적으로 행하는 것입니다. 그래서 순종에는 강한 의지가 내포되어 있습니다. '순종하기로 내가 결정했다'는 것이 중요합니다.

자녀들이여, 부모님께 이렇게 말해 보십시오. "저는 당신께 순종하기로 결정했습니다." 부모님이 하는 행동을 보고 나서 순종할 만하면 순종하고, 순종할 만하지 않으면 불순종하겠다는 것은 진정한 순종이 아닙니다. 아무리 이해가 안 돼도 순종하기로 결정해야 하는 것입니다.

순종은 의지입니다. 순종하겠다고 결정해야 합니다. 부모는 자녀가 순종하기로 결정할 수 있도록 도와주십시오. 말도 안 되는 명령을 해도 순종하기로 결심했으면 순종할 수 있도록 도와주십시오. 마귀의 특징은 불순종입니다. 하나님의 자녀의 특징은 순종입니다. "네 아버지와 어머니를 공경하라 이것은 약속이 있는 첫 계명이니 이로써 네가 잘되고 땅에서 장수하리라"(엡 6:2-3). "네 아버지와 어머니를 공경하라"는 말씀은 권위를 인정하라는 것입니다. 이것이 약속이 있는 첫 계명입니다. 효도는 모든 도의 근본이요, 으뜸입니다. 사실 기독교는 유교 사회에서 전도하기가 제일 좋습니다. 부모에게 드리는 제사를 하나님께 드리는 제사로 바꾸면 되기 때문입니다. 하나님을 섬기는 것은 부모를 섬기는 것과 똑같다고 성경은 말합니다.

성경적인 자녀 교육의 원리 가운데 핵심을 꼽으라면 "자녀를 분노케 하지 말라"는 것입니다. 이는 다시 말해 자녀에게 상처를 주지 말라는 것입니다. 에베소서 6장 4절은 "또 아비들아 너희 자녀를 노엽게 하지 말고 오직 주의 교훈과 훈계로 양육

하라"고 말합니다. 많은 부모들이 자녀 교육에 실패하는 이유
는 자녀를 자기 소유물로 생각하기 때문입니다. 그래서 자기
마음대로 자녀를 교육하려 합니다.

자녀들이 왜 분노합니까? 부모로부터 상처를 받았기 때문
입니다. 히브리서에서는 부모가 자녀를 때리고 야단치는 것
이 정당한 행위라고 말합니다. 부모가 자녀를 사랑하기 때문
에 교육하고자 채찍을 들어 징계할 수는 있습니다. 그러나 원
통하게 해서 분노를 일으켜서는 안 됩니다. 이 원칙만 잘 지키
면 자녀들은 무럭무럭 잘 자랍니다.

우리 자녀는 하나님의 자녀요, 부모는 관리인에 불과합니
다. 자녀는 소유의 개념이 아니라 관리의 개념인 것입니다. 부
모는 하나님의 자녀를 위탁받은 것입니다. 부모는 자녀를 노
엽게 하지 말고 대신 주의 교훈과 훈계로 양육해야 합니다. 자
녀들을 훈련시켜서 하나님이 기뻐하시고 원하시는 자녀로 살
아가게 해야 합니다. 자녀들에게 불순종과 반항의 영이 떠나
가고, 하나님을 경외하며 부모에게 효도하는 순종의 영이 부
어지도록 기도해야 합니다.

신명기 6장 4-9절은 자녀 교육의 대헌장입니다. "이스라엘
아 들으라 우리 하나님 여호와는 오직 유일한 여호와이시니

너는 마음을 다하고 뜻을 다하고 힘을 다하여 네 하나님 여호와를 사랑하라 오늘 내가 네게 명하는 이 말씀을 너는 마음에 새기고 네 자녀에게 부지런히 가르치며 집에 앉았을 때에든지 길을 갈 때에든지 누워 있을 때에든지 일어날 때에든지 이 말씀을 강론할 것이며 너는 또 그것을 네 손목에 매어 기호를 삼으며 네 미간에 붙여 표로 삼고 또 네 집 문설주와 바깥 문에 기록할지니라."

옛날에 한옥 대문을 보면 '입춘대길'(立春大吉) 등의 한자를 쓴 종이가 붙어 있곤 했습니다. 이처럼 하나님의 말씀을 거실과 방, 그리고 화장실 벽과 천장에 붙이라는 것입니다. 하나님의 말씀이 앉아서도 보이고, 서서도 보이고, 누워서도 보이게 해서 자녀들이 하나님의 말씀과 하나님을 사랑하게 하십시오. 자녀들에게 하나님을 사랑하는 법을 가르치십시오. 우리 자녀가 가장 위대한 하나님의 자녀가 되는 복을 받기 바랍니다.

일을 좇다 보면 돈도 벌고, 집도 사고, 필요한 것을 다 소유할 수 있습니다. 하지만 가장 소중한 자녀는 잃어버리게 됩니다. 세상에서 성공은 하지만 가장 소중한 배우자는 잃어버릴 수 있습니다.

가정에 필요한 것은 권위주의가 아니라 권위입니다. 이것이 하나님의 시스템입니다. 누가 감시하지 않아도 제 기능을 감당하는 것이 바로 하나님의 권위 시스템입니다. 우리 자녀들은 세상 안에서 세상의 방법대로 사는 것이 아니라 주 안에서 하나님의 권위를 인정해야 합니다.

그 사람 엘가나와 그의 온 집이 여호와께 매년제와 서원제를 드리러 올라갈 때에 오직 한나는 올라가지 아니하고 그의 남편에게 이르되 아이를 젖 떼거든 내가 그를 데리고 가서 여호와 앞에 뵙게 하고 거기에 영원히 있게 하리이다 하니…그 여자가 그의 아들을 양육하며 그가 젖 떼기까지 기다리다가 젖을 뗀 후에 그를 데리고 올라갈새 수소 세 마리와 밀가루 한 에바와 포도주 한 가죽 부대를 가지고 실로 여호와의 집에 나아갔는데 아이가 어리더라 그들이 수소를 잡고 아이를 데리고 엘리에게 가서

삼상 1:21-25

8
민음의
부모가 되고
싶은 이에게

엘리와 아들들, 한나와 사무엘

성경에는 엘리와 그의 아들들, 그리고 한나와 그의 아들이라는 두 가지 부모 자녀의 모델이 나옵니다. 한나와 그 아들의 이야기가 먼저요, 다음에 엘리와 그 아들들의 이야기가 이어집니다. 두 모델을 비교해 보면 참 재미있습니다. 엘리는 제사장이었습니다. 한나는 레위 지파로서 평신도였습니다. 즉 목사의 아들들과 평신도의 아들에 대한 이야기인 것입니다.

먼저 엘리의 아들들에 대해 살펴봅시다. 엘리의 아들들은 하나님 앞에서 범죄했습니다. 그들이 저지른 중요한 실수는 단순히 인간적인 범죄 차원이 아니었습니다. 그들은 종교적인 범죄를 하나님을 무서워하지 않고 저질렀습니다. 하나님은 일반적으로 나쁜 짓을 할 때는 많이 눈감아 주십니다. 그러나 하나님을 상대로 사기를 치거나 잘못을 저지르거나 종교적 특권을 이용해 죄를 범하는 것에 대해서는 용서하지 않으십니다.

엘리의 아들들은 단지 타락하고 불량한 자식들이 아니라 하나님의 제사를 경시하고 성전에서 수종 드는 여인을 능욕하기까지 했습니다. 그들의 가장 큰 죄는 종교적인 죄였습니다.

우리는 사사기를 통해 하나님 앞에 종교적인 죄를 짓는 이스라엘 백성들의 모습을 보게 됩니다. 사사 시대의 마지막 타락은 종교적인 타락이었습니다. 종교적으로 타락하기 전에 정치적으로 타락했고, 정치적으로 타락하기 전에 도덕적으로 타락했습니다. 도덕적인 타락은 정치적인 타락에서, 또한 정치적인 타락은 종교적인 타락에서 비롯했습니다. 결론적으로 가장 무서운 부패는 정치적인 부패가 아니라 종교적인 부패인 것입니다.

예수님을 믿는 사람들, 곧 교회가 타락하면 하나님은 한 시대의 장을 확 바꿔 버리십니다. 대개 한 문화권이나 나라에 있어서 장이 바뀌는 것은 종교적 파멸 때문입니다. 제정 러시아

시절에 기독교가 타락했습니다. 그러자 하나님은 한 나라를 통째로 바꿔 버리셨습니다. 종교적인 죄가 이렇게 무서운 것입니다.

종교가 한 시대를 구원하기도 합니다. 그러나 종교가 타락하면 한 시대 자체가 바뀌기도 합니다. 예수님의 이름으로 사기를 치거나 교회의 이름으로 범죄를 저지르는 행위는 아주 무서운 결과를 낳는다는 사실을 기억해야 합니다.

그러한 행위는 바리새인과 서기관들이 종교의 이름으로 메시아를 배척한 것과 똑같은 것입니다. 그래서 사실은 목사나 장로가 저지르는 죄는 그 외의 사람들이 저지른 죄와 다릅니다. 차라리 장로가 아니라면 좋았을 뻔할 때가 있습니다. 차라리 목사가 아니라면 할 때가 있습니다. 그만큼 하나님을 위해 일하는 사람들이 죄를 지으면 불같이 무서운 하나님의 심판을 초래한다는 사실을 우리는 성경 역사를 통해 종종 보게 됩니다.

이제 한나의 아들들에 대해 살펴봅시다. 먼저 한나와 사무엘의 관계에 주목할 필요가 있습니다. "그 사람 엘가나와 그의 온 집이 여호와께 매년제와 서원제를 드리러 올라갈 때에 오직 한나는 올라가지 아니하고 그의 남편에게 이르되 아이를 젖 떼거든 내가 그를 데리고 가서 여호와 앞에 뵙게 하고 거기에 영원히 있게 하리이다 하니"(삼상 1:21-22).

한나는 원래 임신하지 못하는 여인이었습니다. 성경에는 놀랍게도 임신하지 못하는 여인들이 참 많이 나옵니다. 구약의 사라, 신약의 엘리사벳 등이 그렇습니다. 그들은 이스라엘을 의미합니다. 그들을 다룬 성경 말씀을 보면, 하나님이 잉태하지 못하게 하셨다는 표현이 나오고, 곧이어 하나님이 특별히 간섭하셔서 불가능한 가운데 임신케 되었음을 알 수 있습니다. 사무엘을 잉태한 한나는 신약에서 예수님을 잉태한 마리아를 생각나게 합니다.

하나님은 임신이 불가능한 여인들의 태를 통해 가문을 잇게 하시고, 그 여인들의 인생을 통해 메시아가 태어나는 새로운 역사를 일으키셨습니다. "그러므로 하나님께는 능치 못함이 없느니라. 네(사라)가 나이가 많지만, 네(마리아)가 처녀이지만, 네(한나, 엘리사벳)가 아기를 낳을 수 없는 여인이지만 나는 네가 아기를 낳게 할 것이다. 그로써 나의 위대한 능력과 권능을 알릴 뿐만 아니라 내가 너를 얼마나 사랑하는지 보여 주리라." 바로 이 메시지를 보여 주기 위해 그들을 사용하신 것입니다. 이것이 하나님의 역사입니다.

하나님이 함께하시면 안 되는 것이 되고, 없는 것이 생기고, 닫힌 태가 열리기도 합니다. 아브라함이 기도했더니 아비멜렉의 집의 태가 열렸습니다. 사람은 가능한 일을 행하고, 하나님은 불가능한 일을 행하십니다. 안 되는 것을 되게 하시는 하나님을 찬양하십시오. 닫힌 태를 열어 주시는 하나님을 찬양하십시오.

여인이 아이를 낳지 못하는 서러움과 한, 애통이 얼마나 큰지 우리는 사무엘상 1장에서 볼 수 있습니다. 특별히 한나의 남편 엘가나는 브닌나라는 둘째 아내를 얻었습니다. 브닌나에게는 아기가 있었습니다. 자녀가 있다는 세도가 얼마나 컸던지 브닌나는 아기를 못 낳는 형님 한나를 긁었습니다. 한나는 너무나도 슬프고 괴로웠습니다. 남편이 아무리 위로해 주어도 그 슬픔과 한을 달랠 길이 없었습니다.

그래서 한나는 하나님 앞에 나가서 기도했습니다. 얼마나 기도를 많이 했던지 엘리 제사장이 이때 아주 유명한 말을 했습니다. "너는 언제까지 술을 안 끊겠느냐!" 한나가 술에 취한 여인처럼 기도를 드렸던 것입니다. 얼마나 가슴이 찢어졌으면, 얼마나 한이 많았으면, 얼마나 서러움을 당했으면 술에 취한 여인으로 오해받을 만큼 간절히 기도했을까요. 하나님은 그런 한나의 기도를 들으시고 응답해 주셨습니다. 그렇게 해서 태어난 아이가 사무엘입니다.

사무엘이 왜 중요합니까? 하나님의 마음에 맞는 왕 다윗에게 기름을 부은 선지자이기 때문입니다. 구약의 예언자 역사상 가장 위대한 아들, 사무엘을 낳은 어머니가 바로 한나인 것입니다. 기도를 통해 태어난 자녀, 서원을 통해 태어난 자녀가 바로 사무엘입니다.

한나는 임신하기 전에 "하나님, 제 태를 열어 주시면 이 아이는 당신의 것입니다. 제가 이 아이를 당신께 바칠 것입니다"라고 기도했습니다. 그리고 그 서원을 지켰습니다. 아이는 젖을 뗀 이후부터 성전에서 자랐습니다. "아이를 데리고 엘리에게 가서 한나가 이르되 내 주여 당신의 사심으로 맹세하나이다 나는 여기서 내 주 당신 곁에 서서 여호와께 기도하던 여자라 이 아이를 위하여 내가 기도하였더니 내가 구하여 기도한 바를 여호와께서 내게 허락하신지라 그러므로 나도 그를 여호와께 드리되 그의 평생을 여호와께 드리나이다 하고 그가 거기서 여호와께 경배하니라"(삼상 1:25-28).

우리는 여기서 기도로 얻은 자녀, 서원한 자녀, 성전에서 키운 자녀를 보게 됩니다. 또한 그 아이가 바로 사무엘이라는 것을 봅니다. 우리 자녀가 사무엘처럼 복된 자녀가 되기를 바랍니다.

간혹 아버지는 당대의 유명한 목사님인데 그 자녀가 예수님을 안 믿는 가정을 보게 됩니다. 혹시 그런 분이 있거든 빨리 회개하고 돌아와서 예수님을 잘 믿게 되기를 바랍니다. 그런데 참 이상하게도 아버지가 고생해서 목회를 하거나 하나님의 일을 한 사람들은 복을 받습니다. 자기가 한 것은 아무것도 없는데 하나님이 복을 주십니다. 무슨 일을 해도 잘됩니다. 그것은 예수님을 정말 잘 믿은 부모를 둔 복입니다. 부모는 고독하고 외롭고 가난하게 살다가 죽었으나 그 자녀들은 복을 받는 것입니다.

그 복이 어디서 왔을까요? 부모님의 기도, 그들의 서원에서 온 것입니다. 그런데 그 사실을 잊어버리고 세상 사람과 똑같이 살면 그 피해가 어디로 갈까요? 다 자기 자녀들에게로 갑니다. 우리는 비록 고독하고 외로울지라도 기도함으로 우리 자녀 대에는 복이 임하기를 원합니다. 우리는 눈물을 흘리며 예수님을 믿었고, 매 맞으며 예수님을 믿었지만 그 믿음이 자녀들에게 이어져 복이 흘러넘치기를 원합니다. 기도로 얻은 자녀, 서원한 자녀, 성전에서 키운 자녀는 하나님의 역사에서 위대한 일을 감당하는 자녀로 성장합니다.

부모들이여, 저녁만 되면 성경을 펴는 모습을 자녀들에게 보여 주십시오. 자녀가 어느 날 우연히 펼쳐 본 어머니의 성경에서 그어 놓은 선 자국과 선명하게 새겨진 눈물 자국을 발견하게 하십시오. 어릴 때는 모르지만 철이 들면 다 압니다. 언젠가 "우리 부모님은 새벽기도회에 다니셨다. 우리 부모님은 교회 중심으로 사셨다. 기쁜 일이 있어도, 슬픈 일이 있어도 항상 교회에 뛰어가셨다"라고 고백하게 될 것입니다.

또한 자녀들에게 교인들을 섬기는 모습을 보여 주십시오. 제 어머니는 이북 사람들이 잘 먹는 노티 떡을 만들어서 항상 쌓아 놓으셨습니다. 아버지는 아무리 교회가 멀어도 성가대 대장으로 섬기셨고, 쓰러지기 전 70세까지 유년 주일학교 반사를 하셨습니다. 성가대원들이 저희 집에서 살았습니다. 제 눈에 늘 선한 것은 현관에 신이 잔뜩 쌓여 있는 모습입니다. 저는 어릴 때부터 그런 부모님의 모습을 보고 자랐습니다. 아버지, 어머니를 기억하면 그런 것밖에는 떠오르지 않습니다. 저는 그런 아버지, 어머니를 그리워하고 사랑합니다.

우리 자녀들에게도 아름다운 영적인 추억이 있기를 바랍니다. 기도로 얻은 자녀, 기도로 키운 자녀, 하나님께 서원한 자녀, 성전에서 키운 자녀가 되기를 바랍니다. 어디에 가서 무엇을 하든 늘 하나님을 기억하는 자녀가 되기를 바랍니다. 교회를 섬기는 자녀가 되고, 가정의 소중한 가치를 깨닫는 자녀가 되기를 바랍니다. 그런 자녀로 키우기 위해, 그런 자녀로 키워달라고 하나님께 기도하는 부모가 되기를 바랍니다.

사람은 가능한 일을 행하고, 하나님은 불가능한 일을 행하십니다. 안 되는 것을 되게 하시는 하나님을 찬양하십시오. 닫힌 태를 열어 주시는 하나님을 찬양하십시오.

부모들이여, 저녁만 되면 성경을 펴는 모습을 자녀들에게
보여 주십시오. 자녀가 어느 날 우연히 펼쳐 본 어머니의
성경에서 그어 놓은 선 자국과 선명하게 새겨진 눈물 자국
을 발견하게 하십시오.

아들들아 아비의 훈계를 들으며 명철을 얻기에 주의하라 내가
선한 도리를 너희에게 전하노니 내 법을 떠나지 말라 나도 내
아버지에게 아들이었으며 내 어머니 보기에 유약한 외아들이
었노라 아버지가 내게 가르쳐 이르기를 내 말을 네 마음에 두라
내 명령을 지키라 그리하면 살리라 지혜를 얻으며 명철을 얻으
라…네 눈은 바로 보며 네 눈꺼풀은 네 앞을 곧게 살펴 네 발이
행할 길을 평탄하게 하며 네 모든 길을 든든히 하라 좌로나 우
로나 치우치지 말고 네 발을 악에서 떠나게 하라

잠 4:1-27

9
자녀 훈육의
지혜가 필요한
이에게

솔로몬이 보내는 권면

잠언 4장에서 우리는 솔로몬이 아들에게 들려주는 개인 간증을 들을 수 있습니다. "아들들아 아비의 훈계를 들으며 명철을 얻기에 주의하라"(1절), "내 아들아 들으라 내 말을 받으라 그리하면 네 생명의 해가 길리라"(10절), "내 아들아 내 말에 주의하며 내가 말하는 것에 네 귀를 기울이라"(20절).

"아들아", "아들아", "아들아!" 세 토막의 외침이 나옵니다. 사실 자기 자녀를 향해 "아들아"라고 부를 수 있는 아버지가 별로 없습니다. 자격 없는 아버지가 이 세상에 너무나 많기 때문이지요. 그래서 "아들들아 아비의 훈계를 들으며 명철을 얻기에 주의하라"라는 자녀를 향한 솔로몬의 조언을 여는 1절 말씀에 우리는 주의를 기울일 필요가 있습니다. 여기서 크게 두 가지를 알 수 있습니다.

첫째, 아버지와 자녀의 관계가 좋아야만 부모의 말에 설득력이 있습니다. 대부분의 가정에서 아버지와 자녀의 관계는 부드럽지 않습니다. 아버지는 자녀를 믿지 않고, 자녀는 아버지를 신뢰하지 않습니다. 서로 사랑해야 할 관계가 경쟁하는 관계가 되고, 자존심을 놓고 싸우는 관계가 되고, 신뢰하지 않는 관계가 되곤 합니다. 그때 부모와 자녀 사이에 상처를 입게 됩니다.

어머니는 이 문제를 놓고 기도를 많이 해야 합니다. 아버지와 자녀 간에 대화가 잘 이루어지도록, 자녀가 아버지를 자기 삶의 모델로 삼을 수 있도록 기도해야 합니다. 만약 자녀가 "나는 아버지가 하는 일은 다 싫습니다. 절대로 아버지를 닮지 않겠습니다"라고 말한다면 얼마나 가슴이 아프겠습니까.

부부가 조심해야 하는 것 중에 하나는 자녀들이 보는 앞에서 싸우지 않는 것입니다. 그리고 가능하면 자녀들 앞에서 배우자를 헐뜯지 마십시오. 화가 나서 혼잣말로 남편 욕을 해서도 안 됩니다. 자녀들이 다 듣고 있습니다. 그렇지 않아도 아버지에게 문제가 있는데 어머니까지 보태면 사실 확인 증명서에 도장을 찍어 자녀들에게 주는 겪이 되는 것이지요. 그러면 아버지에 대한 존경심이 땅에 떨어지고 맙니다.

아버지라면 누구나 자녀들에게 존경을 받아야 마땅합니다. 아버지가 존경심을 잃어버리게 되면 어떤 메시지도 자녀들의 귀에 들리지가 않습니다. "아버지는 카피되고 있다"라는 잘 알려진 문구가 있습니다. 아버지는 자녀에 의해 계속 카피되고 있다는 사실을 인식할 필요가 있습니다. 아버지의 행동을 자녀가 따라 해도 괜찮다면 그 행동은 정의로울 것입니다. 어머니들도 당신이 하는 일을 딸이 해도 괜찮다면 그렇게 하십시오. 즉 부모가 자녀에게 허락할 수 있는 일이면 해도 되고, 허락할 수 없는 일이라면 하지 말라는 것입니다. 부모는 자녀의 모델입니다.

둘째, 아버지에게는 훈계의 원리가 있어야 합니다. 부모는 자녀를 교육하되 일관성이 있어야 합니다. 이럴 때는 이렇게, 저럴 때는 저렇게, 그때그때 편리한 대로 훈계하면 자녀들에게는 일대 혼란이 옵니다. 훈계는 항상 일관성이 있어야 하고, 원칙을 따라야 합니다. 신뢰란 일관성이요 원칙인 것입니다. 원칙을 따르면 신뢰를 얻습니다. 누군가 일관성 있게 행동하면 처음에는 힘들지만 나중에는 따라가게 되어 있습니다.

자녀 교육에 있어서 부모가 가장 자주 실패하는 원인은 사랑이 없기 때문이 아니라 원칙이 없기 때문입니다. 용돈 쓰는 원칙, 상벌 주는 원칙, 충고하는 원칙, 훈계의 원칙이 있어야 합니다.

자녀들이 성인이 되어 직장을 다니고, 결혼을 하고, 자녀를 낳고 살다 보면 위기에 부딪치는 순간이 옵니다. 그 위기들은 자녀들로서는 다 처음 만나는 것들입니다. 자녀들이 '이 위기를 어떻게 극복해 낼 수 있을까?' 하고 생각할 때 가장 먼저 머릿속에 떠오르는 사람은 바로 아버지요, 어머니입니다. '아버지는 이럴 때 어떻게 하셨지? 어머니는 어떻게 하셨지?' 배운 것이 그것밖에 없기 때문입니다. 선생님은 아무리 좋아도 좀 멀리 있습니다. 자녀들의 제1의 선생님, 제1의 모델은 역시 부모입니다.

훈계는 사람들에게 명철을 줍니다. 명철이란 깨달음입니다. 교훈은 우리에게 잘한 것과 잘못한 것을 가르쳐 주기에 우리는 종종 교훈에서 깨달음을 얻곤 합니다. 깨달음의 깊이, 명철의 깊이는 삶의 지혜를 만들어 냅니다. 사물의 원리를 깨닫는 힘을 가진 사람이야말로 지혜로운 사람입니다. 미련한 자는 틀린 것을 반복하고, 지혜로운 자는 한 번 틀린 것에 대해서는 두 번 다시 실수하지 않습니다. 한 번 말하면 딱 알아듣습니다.

깨달음은 인생의 성숙과 연결되어 있습니다. 젊어서 철이 없을 때는 감정적으로 행동했다가 나이가 들면서 지혜가 생기고, '아, 이때는 이렇게 하면 되는구나. 흥분하면 안 되는구나' 하고 깨닫게 됩니다. 나이는 어른인데 생각하는 것이 여전히 어린아이 같은 사람을 가리켜 '어른아이'라고 합니다.

솔로몬은 2절에서 "내가 선한 도리를 너희에게 전하노니 내 법을 떠나지 말라"고 말합니다. 아버지의 교훈에는 선하고 건전한 원칙이 있습니다. 교훈이라고 다 좋은 것이 아닙니다. 잘못된 생각들이 자녀들에게 심기면 그 인생은 불행해질 수밖에 없습니다. 따라서 부모는 선하고 건전한 교훈을 가져야 합니다.

3절에서 솔로몬은 "나도 내 아버지에게 아들이었으며 내 어머니 보기에 유약한 외아들이었노라"고 말합니다. 아버지도 한때는 아버지의 아들이었다는 것입니다. "아버지가 내게 가르쳐 이르기를 내 말을 네 마음에 두라 내 명령을 지키라 그리하면 살리라"(4절). 아버지인 자기도 아버지에게서 늘 교훈을 듣고 자랐다는 것입니다. 자녀 교육의 제1장소는 가정이라는 사실을 꼭 기억하십시오. 다 부모의 몫입니다.

솔로몬은 6절에서 "지혜를 버리지 말라 그가 너를 보호하리라 그를 사랑하라 그가 너를 지키리라"고 말하면서 지혜를 강조합니다. 아버지의 교훈에는 이 세상을 살아가는 지혜가 있다는 것입니다. 지식보다 중요한 것은 지혜입니다.

제 어머니는 한창 공부할 시기에 전쟁을 겪으셔서 중학교 공부도 못 하셨습니다. 그러나 어머니는 지혜가 많아서 누구든 질문을 하면 다 대답해 주셨습니다. 저는 그 모습을 보면서 '아, 지혜란 참 중요한 것이구나. 지혜는 지식과 다른 것이구나' 하고 깨달았습니다. 정보가 아니라 지혜가 사람을 변화시킵니다. 그러므로 지혜를 구하십시오. 지혜를 구하면 지혜가 자녀를 보호해 줄 것입니다.

7절을 보면, "지혜가 제일이니 지혜를 얻으라 네가 얻은 모든 것을 가지고 명철을 얻을지니라"고 했습니다. 지혜는 어떤 희생을 치러서라도 가질 만한 것입니다. 자녀들에게 지혜롭게 말하고, 지혜롭게 행동하는 법을 가르치십시오. 지혜로운 부모가 지혜로운 자녀로 양육하는 법입니다. 지혜는 가장 소중한 것이니 지혜를 찾으십시오. 지혜로운 여인은 사람들의 사랑을 받고, 미련한 여인은 아무리 모든 것을 갖췄어도 사람들의 사랑을 받지 못합니다.

솔로몬은 8절에서 "그를 높이라 그리하면 그가 너를 높이 들리라 만일 그를 품으면 그가 너를 영화롭게 하리라"고 말합니다. 지혜를 찬양하고 높이면 지혜가 우리를 높여 줄 것이라는 뜻입니다.

제가 아는 한 변호사는 참 지혜롭습니다. 침착하고, 말을 함부로 하지 않고, 꼭 지혜로운 말만 합니다. 정확한 단어를 선택해서, 정확한 시간에, 정확하게 표현합니다. 그러니 말을 많이 할 필요가 없더군요.

글을 잘 쓰는 사람은 많은 말을 몇 문장으로 정리합니다. 언어란 몸속에 있는 것입니다. 머릿속에서 말하는 것이나 감정으로 말하는 것은 언어가 아닙니다. 지혜로운 말은 내면에서 솟아나는 것입니다. "지혜로운 부모가 되게 하옵소서. 지혜로운 말을 하게 하옵소서. 지혜로운 생각을 하게 하옵소서"라고 기도하고, 끊임없이 자녀들을 교육하십시오. 지혜를 얻을 만한 일에는 무조건 아끼지 말고 투자하십시오.

지혜가 중요한 이유는 성령의 지혜이기 때문입니다. 고린도 전서 1-2장을 보면, 성령의 지혜에 대해 집중적으로 다루고 있습니다. 잠시 살펴봅시다.

자녀들에게 지혜롭게 말하고, 지혜롭게 행동하는 법을 가르치십시오. 지혜로운 부모가 지혜로운 자녀로 양육하는 법입니다. 지혜는 가장 소중한 것이니 지혜를 찾으십시오.

지혜로운 말은 내면에서 솟아나는 것입니다. "지혜로운 부모가 되게 하옵소서. 지혜로운 말을 하게 하옵소서. 지혜로운 생각을 하게 하옵소서"라고 기도하고, 끊임없이 자녀들을 교육하십시오. 지혜를 얻을 만한 일에는 무조건 아끼지 말고 투자하십시오.

지혜에는 세상 지혜와 하나님의 지혜, 즉 성령의 지혜가 있습니다. 세상 지혜로는 십자가와 보혈의 피, 구원의 진리를 이해하지 못합니다. 성령의 지혜를 받은 사람만이 하나님의 말씀을 깨달을 수 있습니다. 사람들은 전도를 미련한 것으로 보지만 그것은 하나님의 지혜입니다.

예수님은 하나님의 능력이요, 하나님의 지혜이십니다. 따라서 지혜로운 자는 입술로 예수님 얘기만 합니다. 예수님 생각만 하고, 예수님만 찬양합니다. 이것이 지혜입니다. 잔꾀 부리지 말고 예수님 얘기만 하십시오. 하나님의 미련한 것이 사람보다 지혜 있고, 하나님의 약한 것이 사람보다 강합니다.

고린도전서 1장의 내용을 요약하면 간단합니다. 세상 지혜가 있고 하나님의 지혜가 있습니다. 하나님의 미련함이 세상 지혜보다 뛰어나 세상 지혜로는 하나님의 지혜를 알지 못합니다. 하나님의 지혜는 약한 것 같으나 강하고, 무능한 것 같으나 유능합니다. 하나님은 약한 자들에게 하나님의 지혜를 주셨습니다. 따라서 무식하고, 미련하고, 약하고, 없는 것 같지만 하나님의 지혜로 살아갈 때 영광의 면류관을 씌워 주실 것입니다. 복된 인생을 살게 될 것입니다.

사람들에게 예수님 얘기를 해 보십시오. 그러면 그들로부터 존경을 받게 될 것입니다. 예수님 얘기를 하면 다 도망갈 것 같습니까? 아닙니다. 이상하게도 예수님 얘기만 하면 사람들이 지남철에 쇠붙이가 붙듯이 자꾸 달라붙습니다. 상담을 부탁하고 도움을 요청합니다. 그것은 이미 우리에게 지혜가 생겼다는 의미입니다.

성령의 지혜에 관한 이야기는 고린도전서 2장으로 계속해서 이어집니다. 고린도전서 1-2장은 지혜의 이야기로 가득 차 있습니다.

"형제들아 내가 너희에게 나아가 하나님의 증거를 전할 때에 말과 지혜의 아름다운 것으로 아니하였나니"(고전 2:1). 세상 지혜, 수사학적 언어로 말한 것이 아니라는 뜻입니다. 청산유수로 말한다고 해서 사람들이 듣는 것이 아니라 진실을 말해야 듣습니다.

"내 말과 내 전도함이 설득력 있는 지혜의 말로 하지 아니하고 다만 성령의 나타나심과 능력으로 하여"(고전 2:4). 하나님의 지혜는 예수 그리스도이십니다. 예수님의 비밀은 세상 지혜, 세상 능력이 아니라 하나님의 지혜로 알 수 있습니다. 성령은 하나님의 깊은 것까지도 통달하신다고 성경에 기록되어 있습니다(고전 2:10). 이것이 지혜입니다.

하나님의 지혜는 성령으로부터 옵니다. 예수 그리스도, 하나님의 지혜를 얻을 수 있는 방법은 성령을 받는 것입니다. 성령을 받을 때 하나님의 지혜가 임합니다. 그러므로 우리는 성령을 사모해야 합니다. 성령을 사모하면 하나님의 지혜가 임하고, 예수 그리스도를 얘기하면 그 말속에 하나님의 지혜가 담겨서 미련한 사람이 지혜로워지고, 사랑받지 못하던 사람이 사랑받게 되고, 병든 사람이 건강해지고, 생명이 충만해집니다.

간단히 말하면 이렇습니다. 예수님 얘기만 하시고, 성령을 받으십시오. 그러면 지혜가 생깁니다. 지혜로운 사람은 불필요한 말을 삼갑니다.

지혜는 사람을 살립니다. 우리가 말 한마디 함으로 죽었던 자가 살아나고, 병들었던 자가 일어나고, 절망했던 사람이 자살하지 않기로 결심한다면 정말 기가 막힌 일이 아니겠습니까. 어느 날 스치듯이 만났는데 우리의 확신에 찬 눈빛이 상대방의 인생을 변화시킨다면 얼마나 가치 있는 일이겠습니까.

말씀을 많이 읽으십시오. 기도를 많이 하십시오. 성령 충만하십시오. 예수 그리스도를 생각하십시오. 아니, 예수 그리스도를 전하십시오. 그러면 우리도 모르는 사이에 지혜가 자꾸 생겨날 것입니다. 우리 마음속에 성령의 생각이 계속 흘러넘치기를 바랍니다. 예수 그리스도께서는 하나님의 지혜이십니다. 성령의 지혜가 우리에게 지혜를 준다는 사실을 기억하십시오.

"누가 주의 마음을 알아서 주를 가르치겠느냐 그러나 우리가 그리스도의 마음을 가졌느니라"(고전 2:16). 우리는 그리스도의 마음을 가진 사람들입니다. 그리스도의 마음에 대해서 빌립보서 2장 5-9절은 이렇게 이야기합니다. "너희 안에 이 마음을 품으라 곧 그리스도 예수의 마음이니 그는 근본 하나님의 본체시나 하나님과 동등 됨을 취할 것으로 여기지 아니하시고 오히려 자기를 비워 종의 형체를 가지사 사람들과 같이 되셨고 사람의 모양으로 나타나사 자기를 낮추시고 죽기까지 복종하셨으니 곧 십자가에 죽으심이라 이러므로 하나님이 그를 지극히 높여 모든 이름 위에 뛰어난 이름을 주사." 그저 예수님만 생각하십시오.

예수님은 우리를 끌어당기십니다. 예수님은 우리에게 생명과 능력을 주십니다. 예수님은 우리에게 소망을 주십니다. 가정에서 예수님이 되시고, 예수님 얘기를 하십시오. 그러면 하나님이 지혜를 부어 주시고, 성령을 부어 주시고, 악한 생각을 다 몰아내 주실 것입니다.

다시 잠언 4장으로 돌아갑시다. 지혜를 강조하던 솔로몬은 이제 "내 아들아 들으라 내 말을 받으라 그리하면 네 생명의 해가 길리라"(10절)고 이야기합니다. 아버지의 말을 받으면 자녀가 장수할 것이라는 말입니다. 그리고 11-12절에서는 "내가 지혜로운 길을 네게 가르쳤으며 정직한 길로 너를 인도하였은즉 다닐 때에 네 걸음이 곤고하지 아니하겠고 달려갈 때에 실족하지 아니하리라"고 말합니다. 지혜를 배우면 걸어갈 때 방해를 받지 않고, 달려가도 넘어지지 않을 것이라는 뜻입니다.

"훈계를 굳게 잡아 놓치지 말고 지키라 이것이 네 생명이니라"(13절). 아버지의 교훈을 굳게 잡고 놓치지 않으면 생명이 된다는 것입니다.

"사악한 자의 길에 들어가지 말며 악인의 길로 다니지 말지어다"(14절). 나쁜 친구를 사귀지 말라는 뜻입니다. 젊었을 때나 나이 들었을 때나 친구는 참 중요합니다. 친구를 보면 그 사람의 인격을 알 수 있습니다. 친구가 우리더러 아무리 좋다고 칭찬해도 그 친구가 악하면 우리는 결국 악한 사람입니다. 친구를 잘 사귀어야 합니다. 지금도 늦지 않았습니다. 기도하고 자녀가 끊어야 할 친구는 끊도록 도와주십시오. 그 친구가 나중에 자녀를 독사의 길, 파멸의 길로 끌고 갈 수 있습니다. 함부로 사람을 사귀지 않도록 주의를 주십시오. 악인이 가는 곳에는 가지 말고, 악인의 행동을 본받지도 말게 하십시오.

15절에서 솔로몬은 "그의 길을 피하고 지나가지 말며 돌이켜 떠나갈지어다"라고 말합니다. 악한 친구를 피할 길이 없으면 이사라도 가야 합니다. 상대방을 변화시키든지, 떠나든지 둘 중 하나를 하십시오. 왜냐하면 자녀들이 영향을 받아 신앙이 손상당할 수 있기 때문입니다.

제 친구 하나가 어느 날 포틀랜드로 이사를 갔습니다. 이유를 물었더니, 아들이 고 3인데 마약하는 한국 갱에 들어갔는데, 부모가 돼서 3년 동안이나 그 사실을 몰랐다고 합니다. 그런데 너무 깊이 들어가서 다급하니까 포틀랜드로 이사를 가 버린 것입니다. 그것 말고는 막을 방법이 없었다고 합니다. 그런데 지금은 그 아들이 정상으로 돌아와서 군대에 가고 얼마나 훌륭하게 자랐는지 모릅니다. 위험할 때는 서둘러 막아야 합니다. 하지 말라는 말만으로는 부족합니다. 악의 영향력이란 무서워서 한번 빠지면 이내 파멸해 버립니다.

16절에서 솔로몬은 악한 친구들의 특징을 설명하며 이렇게 이야기합니다. "그들은 악을 행하지 못하면 자지 못하며 사람을 넘어뜨리지 못하면 잠이 오지 아니하며." 악한 친구들은 나쁜 짓을 저지르지 않으면 잠이 오지를 않습니다. 남을 해치지 않으면 직성이 안 풀리는 사람들이 있습니다. 교활한 것은 막을 수가 없습니다. "불의의 떡을 먹으며 강포의 술을 마심이니라"(17절). 악의 빵을 먹고, 폭력의 술을 마시는 사람들이라는 표현이 재미있습니다. 솔로몬은 18-19절에서 "의인의 길은 돋는 햇살 같아서 크게 빛나 한낮의 광명에 이르거니와 악인의 길은 어둠 같아서 그가 걸려 넘어져도 그것이 무엇인지 깨닫지 못하느니라"고 말합니다.

20절을 보면 세 번째 "아들아!"가 나옵니다. "내 아들아 내 말에 주의하며 내가 말하는 것에 네 귀를 기울이라 그것을 네 눈에서 떠나게 하지 말며 네 마음속에 지키라 그것은 얻는 자에게 생명이 되며 그의 온 육체의 건강이 됨이니라"(20-22절). 부모의 교훈은 영육 간에 건강을 줄 것입니다. 말씀은 자녀에게 생명이 될 것입니다.

자녀에게 생명이 되는 말씀을 주고, 영육 간에 건강을 주는 교훈을 하기 위해서 부모가 먼저 알아야 할 것들이 있습니다. 잠언을 보면 "마음의 즐거움은 양약"(잠 17:22)이라는 말이 있습니다. 지혜와 말씀이 있으면 마음이 즐거워서 내게 약이 됩니다. 기쁨은 병을 이깁니다. 병이 우리를 이기지 않게 하십시오. 절망과 두려움이 우리를 지배하지 않게 하십시오. 그러면 승리하는 것입니다. 어떤 상황에서도 활짝 웃으십시오. 가슴을 펴고 손을 활짝 펴십시오. '내가 주인공이다' 생각하고 씩씩하게 걸으십시오. 떳떳하고 자랑스럽게 걸으십시오. 그 모습을 자녀에게 보여 주십시오.

누군가 상처를 주면 "괜찮습니다"(No Thank you) 하고 거절하십시오. 우리가 상처받는 이유는 "고맙습니다"(Thank you) 하면서 받기 때문입니다. 왜 자기가 상처를 받고는 상처받았다고 합니까? 상처는 받지 말고 거절하십시오. 불행도, 비극도 받지 마십시오. 마귀가 오면 거절하십시오. "너, 주소 잘못 찾았다. 가라!" 하고 돌려보내십시오. 그래서 말씀과 지혜가 우리를 지배하도록 만드십시오. 이 원리를 자녀에게 보여 주고 가르쳐 주십시오.

솔로몬은 22-23절에서 "그것은 얻는 자에게 생명이 되며 그의 온 육체의 건강이 됨이니라 모든 지킬 만한 것 중에 더욱 네 마음을 지키라 생명의 근원이 이에서 남이니라"고 말합니다. 우리가 지킬 것은 마음입니다. 도둑놈이 마음에 들어앉아 있지 못하게 하십시오. 마음의 문을 열어 보니까 이상한 놈이 앉아 있습니다. 자세히 보니 전혀 모르는 놈입니다. 그놈이 내 집에 들어와서 내 밥을 먹고, 내 냉장고를 뒤지고, 내 방에서 자는 것입니다. 마음을 도둑질해 가는 더러운 귀신들, 더러운 인격을 다 내쫓으십시오. 그는 내 방을 차지할 자격이 없습니다. 예수님만이 내 마음의 주인이십니다. 예수님을 마음의 주인으로 모실 것을 자녀에게 알려 주십시오.

부정적인 말은 받아들이지 마십시오. 원망과 불평을 마음에서 쫓아내 버리십시오. "나는 결코 외롭지 않다. 내 마음은 허전하지 않다!" 하고 외치십시오. 그리고 "나는 말씀으로 충만하다. 나는 하나님의 성령으로 충만하다!" 하고 다짐하십시오. 그것이 생명이요, 부모와 자녀를 건강하게 합니다. 그 생명이 우리 가정을 찾아오는 모든 불행을 다 막아 버립니다.

"구부러진 말을 네 입에서 버리며 비뚤어진 말을 네 입술에서 멀리 하라"(24절). 더럽고 추악한 말을 입에서 버리고, 마음에 거하지 못하게 하십시오. 어느 날 화가 나서 막 욕을 하고 싶은데 욕하는 법을 다 잊어버려서 못하게 되기를 바랍니다. 자녀에게 악한 것, 나쁜 것은 다 뽑아 버리는 모습을 보여 주십시오.

솔로몬은 마지막으로 25-27절에서 "네 눈은 바로 보며 네 눈꺼풀은 네 앞을 곧게 살펴 네 발이 행할 길을 평탄하게 하며 네 모든 길을 든든히 하라 좌로나 우로나 치우치지 말고 네 발을 악에서 떠나게 하라"고 말합니다. 우리는 시선을 한곳에 고정해야 합니다. 푯대이신 예수님을 놓치지 않으면 우리 길은 좌로나 우로나 치우치지 않습니다. 예수 나의 기쁨, 예수 나의 생명, 예수 나의 전부이십니다. 이 고백을 자녀에게 하십시오. 언젠가 자녀의 고백이 될 것입니다.

잠언 4장에서 솔로몬은 "아들아", "아들아", "아들아!" 하며 자녀를 세 번 부르면서 사랑이 가득 담긴 조언을 합니다. 우리 자녀들이 말씀과 지혜로 가득 차고, 예수님으로 충만하기를 원합니다. 자녀들의 삶이 즐겁고 기쁜 삶이 되고, 그 마음 가운데 어둡고 우울하고 부정적인 생각이 다 떠나가기를 바랍니다. 자녀들의 마음에 사탄이라는 도둑놈이 들어와서 집을 빼앗지 않도록 성령께서 지키고 보호해 주시기를 원합니다.

예수님은 하나님의 능력이요, 하나님의 지혜이십니다. 따라서 지혜로운 자는 입술로 예수님 얘기만 합니다. 예수님 생각만 하고, 예수님만 찬양합니다. 이것이 지혜입니다. 우리가 지킬 것은 마음입니다.

우리는 시선을 한곳에 고정해야 합니다. 푯대이신 예수님을 놓치지 않으면 우리 길은 좌로나 우로나 치우치지 않습니다. 예수 나의 기쁨, 예수 나의 생명, 예수 나의 전부이십니다. 이 고백을 자녀에게 하십시오. 언젠가 자녀의 고백이 될 것입니다.

네 부모를 공경하라 그리하면 네 하나님 여호와가 네게 준 땅에

서 네 생명이 길리라

출 20:12

10
부모를
존경하기
어려운 이에게

네 부모를 공경하라

예수님은 늘 바리새인들과 서기관들에게 질문을 많이 받으셨습니다. 마태복음 22장 36절에서는 "선생님, 어떤 계명이 가장 크고 중요한 계명입니까?"라는 질문이 제기되었습니다. 물론 예수님을 시험하기 위한 질문이었지요. 이에 예수님은 아주 명료하고 확실하게 답하셨습니다. "네 마음을 다하고 목숨을 다하고 뜻을 다하여 주 너의 하나님을 사랑하라 하셨으니 이것이 크고 첫째 되는 계명이요 둘째도 그와 같으니 네 이웃을 네 자신같이 사랑하라 하셨으니 이 두 계명이 온 율법과 선지자의 강령이니라"(마 22:37-40). 율법과 선지자의 강령을 '하나님 사랑'과 '인간 사랑'으로 요약하신 것입니다.

신앙생활의 핵심을 찾기란 참 어렵습니다. 그런데 성경이 말하는 핵심은 전체적으로 볼 때 '하나님 사랑'과 '인간 사랑' 두 가지입니다. 이에 대해 성경은 십계명을 통해 아주 실제적이고 구체적인 방법을 가르쳐 줍니다.

가장 크고 중요한 계명 중에 첫 번째는 하나님 사랑입니다. 하나님을 사랑한다는 말은 매우 쉽고, 누구든지 할 수 있습니다. 그래서 우리는 예배 때나 평소에 "하나님, 정말 사랑합니다"라고 말합니다. 그런데 그다음 단계에서는 이내 좌절을 경험하곤 하지요. 그다음 단계란 "네 삶 속에서, 네 사고 속에서, 네 가치관 속에서 하나님을 사랑한다는 것이 구체적으로 무엇인가?"라는 질문에 답하는 것입니다.

유대인들은 이 질문에 갈등하지 않습니다. 그러나 하나님의 말씀을 평생 동안 또는 몇천 년 동안 묵상해 오지 않은 이방인들의 입장에서는 이 질문에 명료하게 답하기가 어렵습니다. 하나님을 사랑한다는 것이 찬송을 많이 부른다는 것인지, 기도를 많이 한다는 것인지, 예배를 많이 드린다는 것인지 따지고 들어가다 보면, 점점 더 확신이 서지를 않습니다. 실제로 하나님에 대한 사랑을 실천하고 있는지를 물으면 대답하기가 곤란합니다.

십계명은 이에 대해 아주 명료하게 답해 주고 있습니다. 하나님 사랑은 제1계명부터 제4계명까지에 기록되어 있습니다. "하나님을 사랑한다는 것은 나 외에 다른 신을 두지 않는 것이다. 나를 위해서 어떤 우상도 두지 않는 것이다. 내 이름을 망령되게 부르지 않는 것이다. 하나님의 날인 주일을 안식일로 거룩하게 지키는 것이다." 군더더기들을 다 빼 버리고 핵심만 이야기한 것입니다. 하나님을 사랑한다는 것은 간단하게 말해 하나님 제일주의, 하나님 중심입니다. 무슨 생각을 하든, 무슨 행동을 하든 하나님을 최우선으로 하는 것입니다.

하나님만큼 세상에서 능력 있는 것이 돈입니다. 우리가 24시간 꿈속에서도 묵상하는 것이 돈 아닙니까. 우리는 말로는 하나님을 사랑한다고 하면서 실제로는 돈 묵상을 우선합니다. 그러다 보니 우리 안에 자꾸 갈등이 생깁니다.

하박국 선지자는 "비록 무화과나무가 무성하지 못하며 포도나무에 열매가 없으며 감람나무에 소출이 없으며 밭에 먹을 것이 없으며 우리에 양이 없으며 외양간에 소가 없을지라도 나는 여호와로 말미암아 즐거워하며 나의 구원의 하나님으로 말미암아 기뻐하리로다"(합 3:17-18)라고 노래했습니다. 눈이 오나 비가 오나, 잘되거나 못되거나, 병들거나 건강하거나 어떤 경우에든 우리는 하나님 제일주의로 살아야 합니다.

이런 생각이 사고 속에 먼저 들어와야 하는데 우리는 어떻습니까? 세상 근심, 걱정을 먼저 다 하고, 제일 나중에 하나님을 찾습니다. 어떤 문제가 생겼을 때 가장 먼저 자신을 보호해 줄 사람을 찾고, 찾다 찾다 안 되면 제일 마지막에 새벽기도회에 나오는 것을 보면 알 수 있습니다. 그러고도 하나님을 사랑한다고 늘 말하는 것입니다. 그래서 우리 안에 모순이 있는 것이지요.

두 번째 가장 크고 중요한 계명은 인간 사랑입니다. 인간 사랑에 대해서는 십계명 중에서 제5계명부터 제10계명까지에 기록되어 있습니다. 마귀는 이 계명들을 하나의 관습이요 명령 정도로 격하시켰습니다. 십계명을 으레 하는 주문이나 종교 의식으로 치부해 심각하게 생각하지 않도록 만들어 놓았다는 말입니다. 그러나 모든 해답은 십계명에 있고, 원리와 방법도 십계명에 들어 있습니다.

성경은 인간 사랑에 대해 아주 구체적이고 단순하게 제시합니다. 가장 먼저 "네 부모를 공경하라"입니다. 부모 공경이 인간 사랑의 시작인 것입니다. 이어서 "살인하지 말라", "간음하지 말라", "도둑질하지 말라", "네 이웃에 대하여 거짓 증거하지 말라", "네 이웃의 집을 탐내지 말라"고 명령합니다.

그런데 우리는 이 모든 계명들을 알지만 실제로 삶과 사회 속에서는 적용하지 못하고 있습니다. 이것은 하나님 사랑에 대한 인식과 똑같습니다. 인간 사랑의 기초가 무엇입니까? 부모를 공경하는 것입니다. 그런데 우리는 뭔가 더 멋있는 말이 없는지 찾아 헤맵니다. 재해 복구를 위해 해외에 나간다든지, 인류를 위해서 희생 봉사한다든지, 가난한 자나 나병 환자를 위해 평생을 헌신한다는 등의 이야기를 하면 좀 실감이 납니다. 어떤 영웅적인 행동을 해야만 인간을 사랑하는 것처럼 느껴집니다. 반면에 내 옆에 나이 들어 가는 부모님, 냄새 나는 부모님, 경제적 효과가 전혀 없는 부모님을 사랑하는 것은 그렇게 심각하게 받아들이지 않습니다. 그런 우리에게 십계명은 "네 부모를 공경하라"고 명령합니다.

사실 개인적으로 볼 때는 부모 공경이지만, 이 개인적인 인간 사랑은 사회의 안전판과도 같습니다. 사회적으로 보면 노인 공경인 것이지요. 이제는 노인 시대입니다. 앞으로는 젊은 사람들이 너 나 할 것 없이 노인을 먹여 살려야 합니다. 그러나 과연 우리 사회는 노인을 공경하는 사회입니까? 노인이 안심하며 살 수 있는 사회입니까?

십계명 중에서 인간 사랑에 관한 명령은 알고 보면 개인 문제라기보다는 사회와 이 시대가 당면한 문제의 핵심입니다. 요즘 우리 사회는 세계 경제 위기로 인해 온통 '이 경제 위기를 극복해야만 한다'는 데 중독되어 있습니다. 그러나 우리 사회가 진정 좋은 사회가 되려면 경제의 부흥이 아니라 도덕의 부흥이 선행되어야 합니다. 요즘 돈 있는 사람들은 은행이나 부동산에 재산을 묶어 놓으면서 안심하는데, 그것은 하루아침에 무너지는 바벨탑과 같은 것입니다. 우리 사회가 오래 지속되고, 우리자녀들이 오랫동안 축복을 받으려면 경제 부흥도 필요하지만, 무엇보다 우리의 정신과 도덕을 바로 세워야 합니다.

십계명을 포기할 때 생기는 위기는 오늘 우리 사회가 당면한모든 사회적인 문제와 직결되어 있습니다. 예를 들면, "부모를 공경하라"는 계명을 경홀히 여기거나 포기하면 가정에 위기가오고, 아버지에게 위기가 오고, 어머니에게 위기가 오고, 자녀교육에 위기가 옵니다.

지금은 특히 아버지들이 다 무너졌습니다. 한번은 교도소의죄수들을 상대로 아버지학교를 했는데, 그곳에 모인 아버지들의 거의 100퍼센트가 아버지와의 관계가 나빴습니다. 아버지에게 편지를 쓰라고 하니 울지 않는 사람이 없었습니다. "제가 불효자식입니다. 아버지를 원망하고 죽도록 미워했습니다. 이제 아버지는 용서받을 수도 없습니다. 이 세상 사람이 아니니까요."

오늘 우리 사회의 가장 큰 문제는 가정 파괴입니다. 이혼으로 가정이 산산조각 나서 혼자 사는 사람이 많습니다. "귀찮게 결혼해서 아이 낳고 고생해서 뭐하냐, 그저 동거만 하자"는 것입니다. 그러니까 요즘 아이가 태어나지를 않습니다. 이것이 이처럼 무서운 결과를 초래할 줄 누가 알았겠습니까? 그 원인은 부모 공경을 포기했기 때문입니다. "네 부모를 공경하라"는 십계명을 경홀히 여길 때 우리 사회는 먹구름이 잔뜩 낀 위험한 사회가 되고, 노인들이 학대받는 시대, 신고려장 시대가 도래하게 됩니다. 그저 돈 몇 푼에 양로원에 맡겨진 노인들이 외롭게 죽어 가고 있습니다.

"살인하지 말라"는 계명을 포기했을 때는 어떻습니까? 우리 사회는 낙태하는 숫자가 신생아를 출산하는 숫자보다 많습니다. 낙태는 살인입니다. 의사들은 세상에서 제일 무서운 수술이 낙태 수술이라고 말합니다. 배 속에서 조금 자란 아기를 낙태시킬 때 제일 쉬운 방법은 두뇌에 구멍을 내서 끄집어내는 것입니다. 사람들이 무서워서 말을 안 하는 것뿐이지, 실은 아기를 톱으로 다 잘라서 흡입기로 끌어내는 것입니다. 이처럼 무서운 낙태를 20대부터, 아니 10대부터 하고 있습니다.

앞으로 곧 우리 사회에 닥칠 굉장히 중요한 토론은 "낙태, 어떻게 할 것인가? 여자의 인권이 중요한가, 생명이 중요한가?"가 될 것입니다. 초음파로 보니 아기에게 장애가 있는 것 같은데 낳을 것인지 말 것인지, 차라리 죽이는 게 낫지 않겠냐고 의사들이 권하는 사회입니다.

"살인하지 말라"는 계명을 경시했을 때 일어나는 또 하나의 사회적인 문제는 자살입니다. 요즘 우리나라에 자살이 유행병처럼 퍼지고 있습니다. 나를 죽이는 것은 자살이고, 남을 죽이는 것은 살인입니다. 자살이나 살인이나 사람 죽이는 것은 똑같습니다. 사람의 죽음을 동물의 죽음과 별 차이 없이 생각하는 것이지요.

과거 노예 상인들은 노예를 사람 취급하지 않았습니다. 그들은 아프리카에서 노예를 잡아다가 짐승처럼 끌고 가 배에 태웠습니다. 그리고 가다가 노예가 죽으면 상어 밥으로 던져 버렸습니다. 인간이란 이렇게 잔인한 존재인 것입니다. "살인하지 말라"는 명령을 경시할 때 생명 경시 사상이 만연해집니다. 물질과 돈이 우선할 뿐 사람은 뒷전인 세상이 된다는 뜻입니다.

헨리 나우웬이 모든 사람으로부터 존경을 받는 이유는 말한마디 못하고 제대로 걷지도 못하는, 아이큐가 없어진 한 장애 아이를 죽을 때까지 사랑했기 때문입니다. 그는 아담이라는 언제 죽을지 모르는 장애 아이를 정성껏 돌보았습니다. 결국 아담은 죽었는데, 장례식에 4천 명이나 참석했다고 합니다. 어떻게 그렇게나 많은 사람이 장례식에 왔을까요? 이 한 명의 아이를 키우기가 너무 어려워서 며칠씩 돌본 자원봉사자들이 세계 각국에 4천 명이 넘은 것입니다. 경제적 가치가 없어 보이는 한 인간을 향한 이러한 사랑을 볼 때 얼마나 고귀한지 모릅니다.

"간음하지 말라"는 하나님의 명령을 포기했을 때는 어떻습니까? '간음은 성적 본능이 아니냐? 창녀촌은 불가피하다'라는 생각이 만연해집니다. 그때 우리 사회는 음란하고 추악하고 더러운 사회가 되고, 포르노 사회가 됩니다.

오늘날은 우리가 아무리 눈을 감고 다녀도 음란한 것을 피할 방법이 없습니다. 예전에는 창녀촌이 따로 있었지만 이제 성경은 인간 사랑에 대해 아주 구체적이고 단순하게 제시합니다. 가장 먼저 "네 부모를 공경하라"입니다. 부모 공경이 인간 사랑의 시작인 것입니다.

하나님을 사랑한다는 것은 간단하게 말해 하나님 제일주의, 하나님 중심입니다. 무슨 생각을 하든, 무슨 행동을 하든 하나님을 최우선으로 하는 것입니다.

는 이발소나 안마소 등 집 근처로 들어왔습니다. 하다못해 경찰과 음란 업주들이 팀워크를 이루어서 인간의 음란한 본능을 만족시키는 일들을 행함으로 사회 전체를 음란한 사회로 만들고 있습니다. 이러한 현상은 인터넷도 심각해 피해 갈 방법이 없고, 우리 자녀들도 초등학생 때부터 노출되어 있습니다. 퇴폐 문화에 중독된 사회, 성을 사고파는 사회로 변질된 것입니다. 얼마나 무서운 결과를 낳았습니까?

십계명을 무시하고 인권이나 자유의 이름으로 하나님의 명령을 우습게 생각할 때 이런 일들이 생깁니다. 십계명은 방파제나 둑과 같습니다. 아무리 파도가 세게 몰아쳐도 둑이나 방파제가 튼튼하면 마을로 들어오지 못합니다. 그러나 둑이나 방파제가 무너지면, 혹 둑에 바늘구멍만 한 구멍이라도 생기면 파도는 결국 둑이나 방파제를 무너뜨리고 마을과 사회를 덮쳐 버립니다. 돈이 없어서 망하는 것이 아니라, 굶어서 망하는 것이 아니라 죄악의 파도를 막지 못해 추잡하고 더러운 사회가 되어 망하고 마는 것입니다.

"도둑질하지 말라"는 계명을 포기했을 때 우리 사회는 서로의 것을 빼앗게 됩니다. 내 것은 내 것이고, 네 것도 내 것이 됩니다. 특히 요즘에는 내 것도 아니고 네 것도 아닌 눈먼 돈이 많습니다. 그 돈을 훔쳐서 집도 사고, 자동차도 사고, 자식들 공부도 시킵니다. 서로 남의 것을 빼앗기 위해 폭력과 주먹질을 합니다. 어쩌면 조폭들의 세계는 영원할지도 모릅니다. 사람이 살면서 "도둑질하지 말라"는 계명을 무시하는 동안 조폭들은 우후죽순처럼 자라게 되어 있습니다.

미국의 어느 해변에 갔더니 고기잡이배가 있었습니다. 자세히 보니 어부가 물고기를 잡아 오면 새들이 "깍깍!" 하면서 훔쳐 먹으려고 달려들었습니다. 재미있는 것은 어느 새가 물고기를 물면, 다른 새가 탁 채 가는 것이었습니다. 이것이 동물의 세계입니다. 도덕과 윤리가 없으면, 정신이 바로 서지 않으면 우리 사회는 동물의 세계로 변합니다. 나만 아니어서 될 일이 아닙니다. 그러니까 할 수 없이 철조망을 세우고, 담을 세우고, 경비원을 세웁니다. 뺏기지 않으려고 버둥거리는 데 들어가는 돈이 더 많습니다. 사람을 속이는 사회, 소유의 개념이 혼동된 사회가 되어 가는 것입니다.

"네 이웃에 대하여 거짓 증거하지 말라"는 계명을 포기하면 또 어떻습니까? 우리 사회는 신용과 신뢰를 잃어버리게 됩니다. 서로 믿고, 서로 사랑하고, 영수증을 안 써 줘도 말이 곧 신용인 사회가 되어야 되는데 서로 의심하고, 서로 경계하는 사

회가 됩니다. 저는 정부 기관 중에 도덕윤리부가 있어야 된다
고 생각합니다. '어떻게 하면 우리 국민의 도덕적 수준, 정신적
수준을 높일까? 어떻게 하면 우리 국민이 아무리 배고파도 인
격을 우선하는 사회를 만들까?' 하고 고민하고 교육하는 부서
말입니다. 교육을 받지 않으면 인간은 동물이 됩니다.

"네 이웃의 집을 탐내지 말라"는 명령을 포기했을 때 우리
사회는 욕망과 탐욕이 지배하는 사회가 되고, 만인이 만인에
대해서 적이 되고, 서로의 것을 빼앗고, 결국은 전쟁하는 사회
가 됩니다.

십계명을 무시하고 방관하고 폐기하면 얼마나 무서운 인간
들이 나타나고, 사회가 혼돈스러워지는지를 우리는 과거의 경
험까지 갈 것도 없이 지금 경험하고 있습니다. 우리나라가 사
는 길은 십계명을 다시 지키는 것입니다. 그 촌스러운 법을 단
단히 붙잡고 죽으나 사나 지키고 살면 안전한 사회, 행복한 사
회, 복된 사회가 됩니다.

그러면 사람이 사는 사회, 인간 사랑의 기초는 무엇입니까?
인간 사회의 기초는 간단합니다. 부모를 공경하는 것입니다.
우리가 부모를 공경해야 하는 첫째 이유는 인간 사랑의 기초
가 부모 사랑이기 때문입니다.

만약 우리가 노인들을 존경하면, 즉 아무리 돈이 들어도, 내가 굶는다 하더라도 부모님을 공경하고, 편안하게 해 드리고, 눈을 감을 때까지 부모님 중심으로 살아간다면 단순히 이 세상이 노인 천국이 되고 말까요? 아닙니다. 오히려 젊은이들이 잘살게 되고, 경제가 부흥해 나라가 부강해집니다. 도덕을 살려 놓으면 우리 사회는 건강한 사회가 됩니다. 이 믿음이 필요합니다. 노인은 우리 사회의 소비층이 아니라 행복의 열쇠요, 자손만대로 장수하고 복 받고 잘살게 하는 요인입니다.

부모가 자녀를 사랑하는 것은 동물도 합니다. 그러나 자녀가 부모를 사랑하는 것은 보기 힘든 모습입니다. 동물도 새끼가 어미를 먹여 살리는 경우는 없습니다. 그러니 자녀가 부모를 먹여 살리지 않으면 우리는 동물과 똑같은 것입니다. 내리사랑이라고, 부모는 자기를 죽여 가면서 자녀를 사랑합니다. 그러나 그것은 정답이 아닙니다. 자녀가 부모를 돌봐야 합니다. 인간 생명의 근원은 하나님이시듯, 우리를 낳아 주신 분은 부모님입니다. 하나님을 사랑하듯, 부모가 힘이 없고 능력이 없어도 부모를 지켜 주는 자녀가 되어야 합니다.

인간 사랑은 우리가 하나님께 영광을 돌리고 예배를 드리는 것같이 부모님이 조금이라도 힘들거나 어려울까 봐 부모님 중심으로 바꾸는 것입니다. 부모님을 도와드리는 것입니다. 요즘 우리 사회는 부모는 뒷전에 가 있고 오직 부부 중심, 자녀 중심으로 변했습니다. 이것은 망하는 사회요, 사람이 사는 사회가 아닙니다.

교독문 98번을 보면 어버이주일에 해당하는 성경 구절이 나옵니다. 출애굽기 20장 12절입니다. "네 부모를 공경하라 그리하면 네 하나님 여호와가 네게 준 땅에서 네 생명이 길리라." 부모를 공경하면 자녀들이 잘된다는 뜻입니다. 이외에도 성경은 여러 곳에서 부모를 공경하라고 명령합니다.

"내 아들아 네 아비의 훈계를 들으며 네 어미의 법을 떠나지 말라 이는 네 머리의 아름다운 관이요 네 목의 금 사슬이니라"(잠 1:8-9), "너를 낳은 아비에게 청종하고 네 늙은 어미를 경히 여기지 말지니라"(잠 23:22), "자녀들아 주 안에서 너희 부모에게 순종하라 이것이 옳으니라 네 아버지와 어머니를 공경하라 이것은 약속이 있는 첫 계명이니 이로써 네가 잘되고 땅에서 장수하리라"(엡 6:1-3).

우리 자녀들이 잘되는 방법은 그들을 과보호하는 것이 아닙니다. 자녀들에게 돈을 주고, 마음껏 살도록 해 준다고 해서 잘되는 것이 아니라 자녀들을 훈계와 교훈으로 양육해야 하는 것입니다.

　예수님처럼 가난하고 소외되고 상처받은 이들, 약자들의 힘이 되어 주는 것은 물론 사랑의 대상에 대한 탁월한 생각을 갖게 해야 합니다. 그러나 남녀 사랑, 부부 사랑, 자녀 사랑, 인간 사랑에 대해서 성경은 확실하게 말합니다. "가장 중요한 사랑은 부모 사랑이다."

　우리는 사랑을 말할 때 "사랑은 오래 참고 사랑은 온유하며 시기하지 아니하며 사랑은 자랑하지 아니하며 교만하지 아니하며 무례히 행하지 아니하며 자기의 유익을 구하지 아니하며 성내지 아니하며 악한 것을 생각하지 아니하며 불의를 기뻐하지 아니하며 진리와 함께 기뻐하고 모든 것을 참으며 모든 것을 믿으며 모든 것을 바라며 모든 것을 견디느니라"(고전 13:4-7)라고 합니다. 이것은 분명 사랑의 성격을 말해 줍니다.

　사랑은 감정이 아니요, 하룻밤에 불타는 열정이 아닙니다. 우리는 '사랑의 배신'이라는 말을 자주 합니다. 이것은 자기감정의 배신이라는 뜻입니다. 목숨 걸고 사랑해 놓고서 나중에는 미워하고 원망하는 것이 연약한 인간이지 않습니까. 그것은 사랑이 아닙니다. 진짜 사랑이란 자기감정은 너무나 힘들지만 손해 보고, 포기하고, 희생하고, 대신 죽는 것입니다. 그런 면에서 사랑은 감정이 아니라 사랑하기로 결정한 의지입니다.

사랑의 뿌리는 부모 사랑입니다. 이 사랑을 끝까지 해 낼 수 있는 사람은 로미오와 줄리엣의 사랑보다 더 위대한 사랑, 노트르담의 꼽추보다 더 큰 사랑을 행하는 것입니다.

둘째, 우리가 부모를 공경해야 하는 이유는 그것이 권위에 대한 순종이기 때문입니다. 권위주의가 아니라 권위가 중요합니다. 부모와 자녀의 관계가 나빠진 이유는 부모가 권위주의로 대했기 때문입니다. 진정한 권위가 없기 때문에 부모를 존경하지 않는 것입니다.

일본에 있는 한 목사님의 손녀딸 이야기입니다. 12세 된 손녀딸이 시를 썼습니다. "할머니, 우리 어머니를 낳아 줘서 고마워요. 세상에 우리 어머니 같은 사람 없어요." 이 시가 학교에서 당선돼서 1등 상을 받았습니다. 어떻게 어린아이가 그 사실을 알았을까요? 어머니가 아이를 인격적으로 키웠기에 조그마한 아이라도 깨달은 것입니다. "우리 아버지가 최고야. 내가 가장 존경하는 사람은 바로 아버지, 어머니야." 이것이 권위입니다.

부모를 공경하는 것은 하나님을 공경하는 것과 같습니다.

권위에 대한 순종, 뿌리에 대한 존경입니다. 우리 존재의 뿌리인 부모를 공경하는 자에게는 하나님이 잘되고 장수하는 복을 주십니다.

셋째, 우리가 부모를 공경해야 하는 이유는 가정이 소중하기 때문입니다. 사탄은 두 가지 일을 합니다. 먼저 교회를 분열시키고, 또 하나 가정을 분열시킵니다. 교회를 분열시킴으로 우리 믿음의 고향을 없애 버리고, 가정을 분열시킴으로 우리 삶의 고향을 없애 버립니다. 그렇게 되면 인간은 영원한 이방인이 되어 버리는 것이지요. 교회가 회복되면 모든 악의 세력이 물러가고, 가정이 회복되면 모든 불안, 염려, 근심, 걱정이 사라집니다.

우리가 부모를 공경해야 하는 마지막 이유는 죄의 고리를 끊기 위해서입니다. 얻어맞고 상처받은 부모로 인해 불행해진 아버지는 자기 자녀에게 똑같은 모습을 보입니다. 그 자녀는 또 그 자녀에게 불행한 모습을 보여 줍니다. 악순환의 고리는 이처럼 수백 년간 계속됩니다. 이 고리를 끊어야 합니다. 암 세포는 제거하지 않으면 계속 번져 나갑니다. 건강한 세포로 바꿔 주어야 하는데, 이것이 바로 부모 사랑입니다.

안타깝게도 우리가 살고 있는 세상은 악순환의 고리가 이어져 권위 있는 부모도 없고, 존경받는 부모도 많이 없어졌습니다. 부모가 자식을 버렸기 때문입니다. 사랑이라는 이름으로 자녀들에게 상처를 주고, 자녀들을 때리고 욕하고 폭행하는 부모들이 많습니다. 요즘 신문에서 매일 보는 이야기입니다.

그러나 아무리 예외가 있다 할지라도 자녀는 부모를 존경해야 합니다. 존경은 존경을 낳고, 공경은 공경을 낳습니다. 비록 지금은 부모에게 받은 상처가 너무 커서 부모를 경멸하고, 거부하고, 집을 떠나지만 이 고리를 끊지 않으면 상처가 상처를 낳습니다. 상처는 결코 치유를 만들어 내지 못합니다. 경멸은 경멸을 낳고, 거부는 거부를 낳습니다. 그리고 결국 수습할 수 없는 파국으로 치닫게 됩니다.

자녀들이여, 부모가 비록 당신을 버렸을지라도, 부모가 비록 당신에게 지울 수 없는 상처를 주었다 할지라도 먼저 부모를 용서하고, 공경하고, 다시 사랑하십시오. 그러면 우리 자녀들이 보고 배울 것입니다. 다음 대에는 좀 더 나아지고, 그다음 대에는 좀 더 나아질 것입니다.

자녀들 앞에서 할머니, 할아버지를 무시하는 말이나 행동은 하지 마십시오. 아무리 부모가 잘못했다 할지라도, 눈물을 머금고 가슴에 피멍이 든다 할지라도 그 고리를 끊으십시오. 부모를 공경하는 모습을 자녀들에게 보여 주십시오.

우리 대에 악순환의 고리가 끊어지기를 바랍니다. 부모님이 돌아가셨더라도 받은 상처가 있거든 용서하고, 예수님의 이름으로 받아들이십시오. 요즘은 부모가 자식을 용서하는 것이 아니라 자식이 부모를 용서하는 세상이 되었습니다. 그렇게 세상이 험해졌습니다. "부모를 공경하라! 이것이 약속 있는 첫 계명이니라." 인간 사랑은 부모 사랑으로부터 시작됩니다.

우리가 부모를 공경해야 하는 마지막 이유는 죄의 고리를 끊기 위해서입니다. 얻어맞고 상처받은 부모로 인해 불행해진 아버지는 자기 자녀에게 똑같은 모습을 보입니다. 그 자녀는 또 그 자녀에게 불행한 모습을 보여 줍니다. 악순환의 고리는 이처럼 수백 년간 계속됩니다. 이 고리를 끊어야 합니다.

자녀들이여, 부모가 비록 당신을 버렸을지라도, 부모가 비록 당신에게 지울 수 없는 상처를 주었다 할지라도 먼저 부모를 용서하고, 공경하고, 다시 사랑하십시오. 그러면 우리 자녀들이 보고 배울 것입니다. 다음 대에는 좀 더 나아지고, 그다음 대에는 좀 더 나아질 것입니다.

그 여인이 모압 지방에서 여호와께서 자기 백성을 돌보시사 그
들에게 양식을 주셨다 함을 듣고 이에 두 며느리와 함께 일어
나 모압 지방에서 돌아오려 하여 있던 곳에서 나오고 두 며느
리도 그와 함께하여 유다 땅으로 돌아오려고 길을 가다가 나오
미가 두 며느리에게 이르되 너희는 각기 너희 어머니의 집으로
돌아가라…만일 내가 죽는 일 외에 어머니를 떠나면 여호와께
서 내게 벌을 내리시고 더 내리시기를 원하나이다 하는지라 나
오미가 룻이 자기와 함께 가기로 굳게 결심함을 보고 그에게 말
하기를 그치니라

룻 1:6-18

11
사랑하기 힘든
가족을 수용해야 하는
이에게

나오미와 룻

성경에는 여성의 이름으로 된 책이 두 권 있습니다. 룻기와 에
스더서입니다. 룻은 히브리인과 결혼한 이방인입니다. 에스더
는 이방인과 결혼한 히브리인입니다. 입장이 서로 다릅니다.
여기서 우리는 이방인과 결혼하든, 히브리인과 결혼하든 하나
님은 그들을 다 축복하시고, 믿음의 조상으로 세우시고, 메시
아의 조상으로 만드신다는 사실을 알게 됩니다.

우리는 대부분 자기 신분의 영향을 받고, 자기 신분에 인생
의 운명을 맡깁니다. 그러나 신분이 자기를 결정하는 것이 아

니라 하나님이 인생을 결정하십니다. 따라서 자기가 좋은 가문에 태어났다고 오만할 필요도 없고, 부끄러운 가문 출생이라고 비굴할 필요도 없습니다. 우리의 신분은 예수 그리스도보다 더 높아질 수 없습니다. 누구든지 그리스도를 만나면 다 고귀한 자가 되고, 예수 그리스도라는 영광스러운 가문에 속하게 되는 것입니다.

'룻'이라는 이름은 '참 아름답다', '정말 칭찬받을 만하다' 또는 '우정'이라는 뜻을 가지고 있습니다. 사실 룻보다 더 위대한 여인은 룻의 시어머니인 나오미입니다. '나오미'의 이름 뜻은 '기쁨', '환희'입니다. 룻기는 나오미와 룻, 즉 시어머니와 며느리에 대한 아름다운 이야기입니다.

결론부터 이야기하자면, "시어머니와 며느리의 관계에 있어서 주도권은 누구에게 있는가?" 하는 질문에 대한 답이 룻기가 주는 메시지입니다. 아무리 며느리가 노력해도 시어머니가 계속 고통을 주면 훌륭한 며느리가 될 수 없습니다. 룻이 어떻게 훌륭한 며느리가 되었습니까? 시어머니인 나오미가 더 훌륭해서입니다. 그렇다면 시어머니와 며느리의 관계에서 먼저 은혜를 베풀 자는 바로 시어머니인 것입니다. '며느리가 잘하면 시어머니도 잘할 것이다'가 아닙니다. 왜냐하면 힘이 시어머니에게 있고, 나이도 시어머니가 더 많기 때문이지요. 베풀 자가 먼저 베풀어야 합니다.

아브라함은 조카 롯을 찾아가서 싸우지 말자고 했습니다. "우리는 한 친족이 아니냐. 네가 좌하면 나는 우하고, 네가 우하면 나는 좌하리라"고 말했습니다(창 13:8-9). 사실 동양에서는 장유유서(長幼有序)라는 개념 때문에 아랫사람이 윗사람에게 잘해야 합니다. 그러나 성경적으로 볼 때 윗사람이 아랫사람에게 잘해야 합니다. 나이가 들어서 어른이 아니라 먼저 잘해 주는 쪽, 먼저 베푸는 사람이 어른입니다. 시어머니와 며느리의 관계의 주도권은 시어머니가 쥐고 있는 것입니다. 시어머니가 먼저 베풀어야 합니다. 그러면 문제가 쉽게 해결됩니다. 며느리는 약자입니다. 아무리 잘하고 싶어도 시어머니가 꼭 쥐고 있으면 방법이 없습니다.

룻기에는 나오미와 룻이 아름다운 관계를 유지할 뿐만 아니라 메시아의 가문을 만들어 낸 놀라운 이야기가 기록되어 있습니다. 한낱 이방 여인의 몸에서 메시아가 태어날 수 있었던 놀라운 축복의 열쇠는 시어머니 나오미에게 있었습니다.

먼저 룻기 이야기의 배경을 살펴봅시다. 사사 시대에 흉년이 들었습니다. 그때 베들레헴에 살고 있던 엘리멜렉과 나오미 부부는 흉년을 피해 모압 지방으로 이주했습니다. 둘 사이에는 말론과 기룐이라는 두 아들이 태어났습니다. 그런데 나오미의 남편 엘리멜렉이 죽고 말았습니다. 나오미의 두 아들은 결혼해서 모압 여인을 아내로 얻었습니다. 큰 며느리는 오르바요, 둘째 며느리는 룻입니다. 그런데 엎친 데 덮친 격으로 나오미의 남편에 이어 두 아들이 모두 죽고 말았습니다. 남자 셋이 다 죽었습니다. 그래서 할 수 없이 며느리 둘까지 모두 세 과부가 살아가는 이야기입니다. 과부가 성경의 주인공이 된 것입니다. 참 놀라운 이야기입니다.

나오미라는 여인에 대해 생각해 봅시다. 이 시어머니는 어떤 점이 훌륭합니까?

첫째, 나오미는 현실을 받아들이는 시어머니였습니다. 현실을 받아들이는 사람이 훌륭한 사람입니다. 어떤 분들은 자신의 현실을 받아들이지 못하고 과거의 환상에 붙잡혀 살거나, 미래의 이상만을 좇습니다. 그러다 보면 자기라는 현실이 사라지고 없지요.

그런 그들은 자기를 축소합니다. 스스로의 아름답고 존귀한 가치를 비참하게 만들어 버립니다. 하나님의 영광스러운 축복을 스스로 막아 버린 것입니다. 자기를 너무 과소평가하지 마십시오. 우리는 위대하고 놀라운 복을 받은 사람들입니다. 룻은 비록 과부라도 성경의 제목까지 된 모델입니다. 반면에 어떤 분들은 자기를 과대평가합니다. 그다지 별 볼 일 없는 사람인데 굉장히 위대한 사람인 양 착각하고 살아갑니다. 그들도 하나님이 주시는 축복을 스스로 막아 버리는 위험성이 있습니다.

나오미는 결혼한 몸이었고 아들도 둘 있었습니다. 그런데 흉년을 피해 남편을 따라 외국으로 갔는데 남편이 죽고 말았습니다. 이 일은 얼마나 그녀를 비참하게 만들고 그 인생을 꺾는 사건입니까. 그런데 나오미는 수용하고 아들 둘과 살았습니다. 그리고 둘 다 출가시켰습니다. 그런데 그 아들들마저 둘 다 죽고 말았습니다.

여인의 인생으로 보면 얼마나 상처가 많고, 세상적으로 말하면 얼마나 불행한 운명인지요. 사람들은 대개 이처럼 어려운 일을 겪게 되면 변하기 쉽습니다. 축소되거나 과장되기 쉽습니다. 그런데 나오미는 자신의 현실을 그대로 받아들였습니다.

"나오미가 이르되 내 딸들아 돌아가라 너희가 어찌 나와 함께 가려느냐 내 태중에 너희의 남편 될 아들들이 아직 있느냐 내 딸들아 되돌아가라 나는 늙었으니 남편을 두지 못할지라

가령 내가 소망이 있다고 말한다든지 오늘 밤에 남편을 두어 아들들을 낳는다 하더라도 너희가 어찌 그들이 자라기를 기다리겠으며 어찌 남편 없이 지내겠다고 결심하겠느냐 내 딸들아 그렇지 아니하니라 여호와의 손이 나를 치셨으므로 나는 너희로 말미암아 더욱 마음이 아프도다 하매"(룻 1:11-13). 말씀을 가만히 읽어 보면 나오미는 보통 여인이 아닙니다. 한 겹을 지난 여인입니다.

룻기 1장 19-20절을 보면 나오미의 성숙한 신앙의 모습을 엿볼 수 있습니다. 할 수 없이 며느리에게 진 나오미는 룻과 함께 베들레헴으로 돌아왔습니다. 그러자 온 친척, 가족들이 환호성을 지르면서 나오미를 환영해 주는 장면이 나옵니다. "이에 그 두 사람이 베들레헴까지 갔더라 베들레헴에 이를 때에 온 성읍이 그들로 말미암아 떠들며 이르기를 이이가 나오미냐 하는지라 나오미가 그들에게 이르되 나를 나오미라 부르지 말고 나를 마라라 부르라 이는 전능자가 나를 심히 괴롭게 하셨음이니라."

나오미는 '기쁨'이요, 마라는 '쓴물', '괴로움'이라는 뜻입니다. 나는 나오미가 아니라는 것입니다. 나오미의 성숙한 신앙의 모습은 "전능자가 나를 심히 괴롭게 하셨음이니라"라는 말에 나타나 있습니다. 인생에는 기쁜 일도 있고, 어려운 일도 있습니다. 심히 어려운 일을 당했는데, 이 일을 하나님이 허락하셨다고 고백하고 그대로 받아들인 것입니다. "회사가 망하는 현실을 내가 받아들이겠습니다. 내가 원하는 것이 다 이루어지지 않는 이 상황을 내가 받아들이겠습니다" 하는 것입니다. 앙탈을 부리거나 자꾸만 내 주장을 해서는 안 됩니다.

내가 바라는 그림이 아니요, 원하는 스토리가 아닌데 자꾸 어려운 일이 생길 때는 그 일이 하나님이 허락하신 것인 줄 깨달아야 합니다. 그때는 받아들이는 지혜와 겸손이 필요합니다. 하나님이 허락하셨기 때문에 현실로 받아들인 사람이 바로 나오미였습니다. 남편을 잃었을 때도, 두 아들을 잃었을 때도, 빈털터리로 고향에 돌아왔을 때도 나오미는 그 어려운 상황을 현실로 받아들였습니다.

그런 나오미는 며느리에게 불필요한 것, 불가능한 것을 요구하지 않았습니다. 얼마나 아름다운 모습입니까. 우리 모두 이렇게 나이 들기를 바랍니다.

둘째, 나오미는 며느리를 "내 딸아!" 하고 부르는 시어머니였습니다. 며느리를 딸처럼 생각하는 시어머니와는 절대 싸울 수가 없습니다. 시어머니들은 대개 자기 딸은 끼고 살면서 며느리는 남의 집 식구처럼 취급합니다. 시어머니들이여, 내가 며느리를 대하듯이 딸의 시어머니가 내 딸을 대한다는 사실을 깨달으십시오. 내 집에 들어온 며느리를 딸처럼 대하면 내 딸이 시집가서 그 집에서 딸처럼 삽니다.

때로 아들을 가운데 놓고, 아들이 어머니를 더 사랑하는지, 아내를 더 사랑하는지 대결시키는 시어머니들이 있습니다. 이것은 아주 어리석은 일입니다. 며느리와 시어머니가 어찌 대결이 되겠습니까. 이것은 시어머니가 시어머니의 수준에 있지 않고 며느리의 수준으로 내려가는 것입니다. 이것은 비극을 초래하는 일입니다.

나오미는 며느리를 딸로 생각했습니다. 그래서 남편이 죽어 과부가 된 며느리들에게 시집을 또 가라고 했습니다. 얼마나 훌륭한 처사입니까. "네 남편이 죽었으니 시집가서 잘 살거라. 나이 많아 늙은 내가 어찌 아기를 낳을 것이며, 또 그 아이가 자랄 때까지 어찌 기다려 너와 결혼시킬 수 있겠느냐?" 합니다. 이것은 구약적 사고입니다. 나오미는 현실을 파악하고 인정했습니다. 안 되는 것은 안 되는 것이고, 되는 것은 되는 것이라고 이야기한 것입니다.

많은 사람들은 안 되는 것을 된다고 우깁니다. 이것이 문제

174

입니다. 더글러스 맥아더 장군의 유명한 기도가 있습니다. "변할 수 없는 것은 받아들이는 지혜를 주시고, 변하게 할 수 있는 것은 변하게 하는 용기를 주옵소서." 안 되는 것을 된다고 우기면 사고가 나게 되어 있습니다. 누구든 가만히 보면 알 수 있습니다. 그때는 '내가 주장하면 안 되겠구나' 하고 빨리 포기해 버려야 합니다. 나오미는 현실을 빨리 파악했습니다. 며느리가 살아 준 것만도 고마웠던 것입니다. 며느리를 진정 딸로 여긴 것입니다.

셋째, 나오미는 마음이 관대한 시어머니였습니다. 룻기 1장 6-7절을 보면, 나오미의 두 며느리들에게는 다시 고향 땅으로 돌아갈 기회가 생겼습니다. "나오미가 두 며느리에게 이르되 너희는 각기 너희 어머니의 집으로 돌아가라 너희가 죽은 자들과 나를 선대한 것같이 여호와께서 너희를 선대하시기를 원하며"(룻 1:8).

이렇게 마음을 곱게 쓰는데 어찌 하나님이 복 주지 않으시겠습니까.

넷째, 나오미는 며느리를 사랑해서 우는 시어머니였습니다. "여호와께서 너희에게 허락하사 각기 남편의 집에서 위로를 받게 하시기를 원하노라 하고 그들에게 입 맞추매 그들이 소리를 높여 울며"(룻 1:9).

우연히 TV에서 고부간의 갈등을 다루는 프로그램을 보게 되었습니다. 시아버지가 며느리에게 구두 한 켤레를 몰래 사 주었다가 그 사실을 뒤늦게 안 시어머니가 질투하는 이야기였습니다. 그 시어머니는 며느리를 못살게 굴면서 괜히 먼지 있다고 투덜거리고, 더럽다고 청소하라면서 괴롭혔습니다.

나오미는 어떻습니까? 말씀을 보면, 하나님이 며느리들에게 복 주시기를 원했습니다. 마음이 예쁘고, 며느리를 딸처럼 생각하고, 며느리에게 하나님의 복을 빌어 주는 나오미는 얼마나 아름답고 놀라운 시어머니입니까. 나오미는 복 받게 되어 있습니다. 그래서 9절에서, 며느리에게 존경받는 시어머니, 가라고 해도 안 가는 며느리를 볼 수 있습니다. 좋은 시어머니 밑에는 좋은 며느리가 있는 것입니다.

"그들이 소리를 높여 다시 울더니 오르바는 그의 시어머니에게 입 맞추되 룻은 그를 붙좇았더라"라는 14절 말씀을 보면 두 며느리가 다 훌륭합니다. 오르바도 정말 좋은 여인입니다. 고향으로 돌아가라고 하니까 시어머니가 좋아서 헤어지기 싫어 울고 또 울고, 소리 높여 울었습니다. 사실 오르바가 정상이고, 룻은 비정상적으로 좋은 여인입니다. 룻은 오르바와 달리 결코 떠나지 않겠다며 시어머니의 발을 붙잡았습니다.

이에 15절에서 나오미는 이렇게 말합니다. "보라 네 동서는 그의 백성과 그의 신들에게로 돌아가나니 너도 너의 동서를 따라 돌아가라." 누가 더 훌륭한지 경쟁하는 것만 같습니다. 이때 성경에서 가장 유명한, 사람들이 제일 좋아하는 고백이 나옵니다.

"룻이 이르되 내게 어머니를 떠나며 어머니를 따르지 말고 돌아가라 강권하지 마옵소서 어머니께서 가시는 곳에 나도 가고 어머니께서 머무시는 곳에서 나도 머물겠나이다 어머니의 백성이 나의 백성이 되고 어머니의 하나님이 나의 하나님이 되시리니 어머니께서 죽으시는 곳에서 나도 죽어 거기 묻힐 것이라 만일 내가 죽는 일 외에 어머니를 떠나면 여호와께서 내게 벌을 내리시고 더 내리시기를 원하나이다 하는지라"(룻 1:16-17).

이것은 며느리가 시어머니에게 한 인간적 고백을 넘어서서 그리스도를 따라 사는 자들의 그리스도를 향한 신앙적 고백입니다. "주님이 가시는 곳에 나도 가고, 주님이 머무시는 곳에 나도 머물고, 주님의 백성이 나의 백성이고, 주님이 죽으시는 곳에 나도 죽고 장사될 것입니다. 내가 죽는 일 외에 주님을 떠난다면 나는 저주를 받게 될 것입니다." 이런 사람을 누가 말리겠습니까? 이런 사람을 가리켜 우리는 '선교사'라고 부릅니다.

룻은 따라오지 않아도 괜찮았습니다. 시어머니에게 허락을 받았으니 따라올 필요가 없었습니다. 선교사도 마찬가지입니다. 안 가도 되는데 가는 사람입니다. 룻은 '죽으면 죽으리라' 하는 심정으로 우겨서 따라갔습니다. 이처럼 우겨서 가는 사람이 선교사입니다.

제가 예수님을 환상 가운데 만난 일이 있습니다. 그때 일로 저는 목사가 되었습니다. 당시는 폐병으로 아파서 한 초가집 따뜻한 방에 누워 있었습니다. 그런데 비 오는 날 누가 대문을 계속 두드리는 것이었습니다. 너무 오랫동안 두드려서 귀찮았습니다. '나갈까, 말까? 비 오는 날 누가 이렇게 대문을 두드리나?' 고민하다가 대문을 열었는데 한 미친 사람이 보따리를 하나 들고 있었습니다. 배고프고 춥게 서 있는 그를 받아들이고 먹을 것을 주어 대접했는데, 그분이 바로 예수님이셨습니다. 그 보따리는 나를 사랑하신다는 메시지였습니다. 제가 그날 밤 얼마나 울었는지 모릅니다.

그날 비 맞고 배고픔을 참으면서 나를 찾을 때까지, 문이 열릴 때까지 처마 밑에서 문을 두드리신 예수님은 저에게 그분의 종이 될 것을 요청하셨습니다. 그날 밤 처음으로 목사가 되어야겠다고 생각했습니다.

그렇습니다. 사랑을 전하려는 사람은 비 오는 날 처마 밑에서 보따리 하나 들고 서 있고, 발로 차도 안 갑니다. 그런 사람이 바로 선교사입니다.

우리는 여기서 룻의 순결, 헌신, 충성, 조건 없이 따르는 아름다운 모습을 보게 됩니다. 룻은 아무 보상과 대가를 바라지 않았습니다. 가난한 시어머니에게 무엇을 기대하겠습니까. 가서 할 일이라고는 고생과 노동뿐이었습니다. 그러나 룻은 먼 타지로 가서 열심히 보리 이삭줍기를 하다가 멋있는 남자, 말 타고 온 황태자 보아스를 만나 연애를 하게 되고, 결혼을 하게 되고, 그리고 메시아의 가문에 들어가게 됩니다.

좋은 며느리를 원하기 전에 좋은 시어머니가 되십시오. 나오미처럼 며느리에게 하나님의 복을 빌어 주는 시어머니가 되십시오. 며느리를 딸처럼 생각할 뿐 아니라, 하나님이 허락하신 관계를 받아들이고 마음을 너그러이 하되 며느리를 안타까이 여기며 눈물로 기도하는 시어머니가 되십시오. 그런 나오미에게 하나님은 넘치도록 복을 부어 주셨습니다. 우리 모두에게 이 은혜가 있기를 기도합니다.

나오미는 '기쁨'이요, 마라는 '쓴물', '괴로움'이라는 뜻입니다. 나는 나오미가 아니라는 것입니다. 나오미의 성숙한 신앙의 모습은 "전능자가 나를 심히 괴롭게 하셨음이니라"라는 말에 나타나 있습니다. 인생에는 기쁜 일도 있고, 어려운 일도 있습니다. 심히 어려운 일을 당했는데, 이 일을 하나님이 허락하셨다고 고백하고 그대로 받아들인 것입니다.

좋은 며느리를 원하기 전에 좋은 시어머니가 되십시오. 나오미처럼 며느리에게 하나님의 복을 빌어 주는 시어머니가 되십시오.

너희가 쓴 문제에 대하여 말하면 남자가 여자를 가까이 아니함이 좋으나 음행을 피하기 위하여 남자마다 자기 아내를 두고 여자마다 자기 남편을 두라 남편은 그 아내에 대한 의무를 다하고 아내도 그 남편에게 그렇게 할지라…그러므로 결혼하는 자도 잘하거니와 결혼하지 아니하는 자는 더 잘하는 것이니라 아내는 그 남편이 살아 있는 동안에 매여 있다가 남편이 죽으면 자유로워 자기 뜻대로 시집갈 것이나 주 안에서만 할 것이니라 그러나 내 뜻에는 그냥 지내는 것이 더욱 복이 있으리로다 나도 또한 하나님의 영을 받은 줄로 생각하노라

고전 7:1-40

12
타인의 가정을
부러워하는
이에게

독신과 고아와 과부

사람은 누구를 막론하고 결국 고아가 되고, 과부(홀아비)가 되고, 독신이 됩니다. 따라서 고아의 문제와 과부(홀아비)의 문제와 독신의 문제는 특정인만의 문제가 아니라 인생 모두가 겪어야 할 본질의 문제에 해당합니다. '나는 독신이다.' 혼자 그렇게 생각하지 마십시오. 사람은 언젠가 누구나 독신이 됩니다. '나는 과부(홀아비)다.' 혼자 그렇게 생각하지 마십시오. 사람은 언젠가 누구나 과부(홀아비)가 됩니다. '나는 고아다.' 혼자 그렇게 생각하지 마십시오. 고아란 따로 없습니다. 사람은 언젠가 누구나 고아가 됩니다.

사람은 돈 몇 푼 가진 것으로 자기를 위장합니다. 그러나 돈도 헛것이고, 지금껏 살면서 우리를 보호해 준 명예도 다 헛것입니다. 신앙은 이 모든 것이 헛것이라는 사실을 발견하면서부터 생기기 시작합니다. 때로 자녀를 의지하는 부모들을 보게 됩니다. 그들은 자녀가 부모를 사랑하고 도와주고 위로해 주는 동안에는 하나님을 깊이 만나지 못합니다. 그것조차 아무것도 아님을 깨달을 때, 내가 의지하고 있는 것이 곁에서 모두 떠날 때 그제야 진정으로 하나님만 의지하게 됩니다.

독신의 은사를 다루고 있는 고린도전서 7장은 은혜로운 말씀들로 가득합니다. 보통 우리는 결혼하고, 시간이 지나면 결국 혼자가 됩니다. 결혼한다는 것은 무엇을 의미하고, 혼자 산다는 것은 무엇을 의미할까요? 그동안 11장에 걸쳐서 부부와 부모, 자녀에 관한 이야기를 나누었습니다. 이 책을 읽으면서 혼자 사는 분들은 '이건 내 얘기가 아니지!' 하고 생각하셨을지 모르겠습니다. 그러나 천만의 말씀입니다. 모두 자기 이야기입니다. 또한 혼자 사는 것은 부부에게도 해당되는 이야기입니다. 결국 우리는 고아의 이야기와 과부(홀아비)의 이야기와 독신의 이야기로 가야만 해답을 찾을 수 있습니다.

알고 보면 거의 모든 부부가 간신히 살아갑니다. 겉보기에는 멋있어도, 사실 멋진 척하는 것뿐 그저 깨지지 않은 그릇에 불과합니다. 부부는 순식간에 깨질 수 있고, 한순간에 헤어질 수 있습니다. 떨어지고 깨질 확률이 너무나 크니까 떨어지지 말자고 손 꼭 붙잡고 사는 것입니다. 오늘 아침에 부부가 웃었다고 안심하지 마십시오. 저녁에 순식간에 깨질지는 아무도 알 수 없습니다. 그러므로 우리는 고린도전서 7장 말씀에 주의를 기울일 필요가 있습니다.

"너희가 쓴 문제에 대하여 말하면 남자가 여자를 가까이 아니함이 좋으나 음행을 피하기 위하여 남자마다 자기 아내를 두고 여자마다 자기 남편을 두라"(1-2절). 에덴동산에서 하나님은 남자를 만드시고, 혼자 사는 것이 좋지 않으니 여자를 만들어 주시며 짝을 이루어 살라고 말씀하셨습니다. 인간은 본질적으로 남자든 여자든 혼자서는 살지 못하고 짝을 이루어야 살 수 있습니다. 인간은 하나님 없이 혼자서는 살 수 없고, 인간 혼자서도 못 삽니다. 그래서 만약 사람 만나는 것이 싫어지고 대인기피증에 걸렸다면 내면 어딘가가 고장 난 것인 줄 알아야 합니다. 사람은 더불어 살아야 합니다. 그것이 인간의 본질입니다.

그러나 남자가 여자를 가까이하지 않는 것이 좋은데 왜 결혼을 하는 것일까요? 흔히 사랑하기 때문에 결혼한다고 하지만, 실제로는 음행을 피하기 위해서입니다. 남자 혼자 살면 참 좋은데, 정욕을 이기지 못해 타락할 수 있으니 자기 아내를 두라는 것입니다. 여자 역시 혼자 살면 타락할 수 있기 때문에 자기 남편을 두어서 서로 위험을 줄이라는 뜻입니다.

인간이란 깨지기 쉬운 그릇이라는 사실을 항상 기억해야 합니다. 인간은 대단한 존재가 아닙니다. 누구든지 실수할 수 있고, 자기를 지키지 않으면 쉽게 무너질 수밖에 없는 존재입니다. 그러므로 자기 자신을 죄를 짓지 않는 상황으로 자꾸 끌고 가야 합니다.

교회에 열심히 오십시오. 그렇지 않으면 반드시 죄 짓는 곳으로 가게 되어 있습니다. 교회보다 더 좋은 데 간다면 환영합니다. 그런데 이 세상에는 교회보다 더 좋은 데가 없습니다. 그러니 그저 시간이 있으면 교회에 오시고, 예수 믿는 사람끼리 만나십시오. 예수 믿는 사람끼리 만나지 않으면 예수 믿지 않는 사람을 만나게 되어 있습니다. 인간은 하나님 생각을 하지 않으면 인간 중심으로 살 수밖에 없는 연약한 존재입니다.

우리가 살아가는 세계를, 우리에게 주어진 24시간 전부를 하나님의 시간으로 만들어 버리십시오. 눈을 뜨고 감을 때까지 삶 전체를 하나님이 주장하시도록 하십시오. 빈 공간을 만들어 놓으면 인간은 타락하게 되어 있습니다.

결혼 생활에서는 특권이 아니라 의무를 생각해야 합니다. 특권은 배우자의 것이고, 의무는 내 것입니다. 흔히 우리는 뒤바꿔 특권이 내 것이라고 생각합니다. 특별히 남편과 아내는 배우자가 사랑해 주기를 기다리지 말아야 합니다. 우리가 결혼해서 위기를 만나게 되는 이유는 자꾸 사랑받기만 원하기 때문입니다.

그러나 결혼에는 의무가 있다는 사실을 반드시 기억하십시오. 남자든 여자든 결혼했다는 것은 대가를 치를 각오가 되어 있다는 것입니다. 성경을 보면, 결혼이 큰 위기라는 사실을 알 수 있습니다. 위기를 벗어나기 위해서 결혼하는 것이 아닙니다. 결혼은 위기 가운데로 들어가는 것을 의미합니다. 참 어려운 일입니다.

사랑은 자기감정을 뛰어넘는 것이요, 싫은데도 해야 하는 것입니다. 그래서 사랑은 하기로 '결정'하는 것입니다. 결혼을 하면 찌릿찌릿한 전기가 오든 안 오든 상관이 없습니다. 전기가 와도 사랑하고, 안 와도 사랑해야 합니다. 남편이라는 사실 때문에 존경하기로 결정해야 합니다. 아내라는 사실 때문에 밉든 곱든 사랑하기로 결정해야 합니다. 사랑은 의지입니다. 사랑에는 감정의 요소를 넘어 의지의 요소가 있습니다.

3-4절은 "남편은 그 아내에 대한 의무를 다하고 아내도 그 남편에게 그렇게 할지라 아내는 자기 몸을 주장하지 못하고 오직 그 남편이 하며 남편도 그와 같이 자기 몸을 주장하지 못하고 오직 그 아내가 하나니"라고 말합니다. 요즘은 성격만 달라도 이혼을 합니다. 부부들이여, 성격이 다르다고 피하지 말고 안 맞으면 맞추십시오. 내 성격만을 주장하는 것은 오만이고 교만입니다. 자기 성격대로 살지 말고 배우자에게 맞추십시오. 그리고 아내의 몸은 남편의 것이고, 남편의 몸은 아내의 것입니다. 이런 결정이나 각오 없이 결혼하기 때문에 자꾸 부부 관계에 어려움이 생기는 것입니다.

왜 결혼이 깨집니까? 좋은 것만 생각하기 때문입니다. 결혼하면 자기 감정, 자기 기분, 자기 성격을 상대방이 맞춰 주리라고 생각합니다. 천만의 말씀입니다. 그런 생각을 깨지 않으면 결혼 생활을 유지하기란 불가능합니다. 결혼하면 마냥 좋지 않습니다. 불 속에 들어가고, 물 속에 들어가는 것입니다. 다 장밋빛 인생이 아니라는 뜻이지요. 결혼은 현실입니다. 현실이라는 사실을 인정하지 않기 때문에 자꾸 어린아이같이 꿈에 살고, 과거에 살게 되는 것입니다.

"서로 분방하지 말라 다만 기도할 틈을 얻기 위하여 합의상 얼마 동안은 하되 다시 합하라 이는 너희가 절제 못함으로 말미암아 사탄이 너희를 시험하지 못하게 하려 함이라 그러나 내가 이 말을 함은 허락이요 명령은 아니니라 나는 모든 사람이 나와 같기를 원하노라 그러나 각각 하나님께 받은 자기의 은사가 있으니 이 사람은 이러하고 저 사람은 저러하니라"(5-7절).

결혼 생활에서 중요한 것은 절제입니다. 고린도전서 7장에서 바울은 이것은 하나님의 말씀이고, 저것은 자신의 개인적인 생각이요 권면이라고 구분합니다.

바울은 혼자 살았습니다. 그는 다 자기와 같이 되기를 원한다고 했습니다. 독신은 아름답고 좋은 것입니다. 결혼도 좋지만, 혼자 살면 더 좋다는 것이 고린도전서 7장의 주제입니다. 바울의 말은 "혼자 살 수 있다면 혼자 사는 것이 좋다. 그러나 아무나 혼자 살 수는 없다. 혼자 사는 것은 은사다. 자신이 예수님과 결혼했다고 생각하고, 혼자 깨끗하게 살 수만 있다면 혼자 사는 것이 좋다"라는 것입니다.

혼자 사는 것은 참 아름다운 것입니다. 그런데 사람들과 함께 있을 때는 아름다운 척하다가 집에 혼자 있을 때는 고민해서는 안 됩니다. 잠을 못 자고 외로워하면 죄를 짓게 되니까 혼자 살 능력이 없는 사람은 결혼하는 것이 좋습니다.

인간은 완전해서 결혼을 하는 것이 아니라 부족해서 결혼을 하는 것입니다. 따라서 아내와 남편은 서로 노력하고 애쓰고 자기를 포기해야만 합니다. 가정은 하나님이 제정하신 것이니 당연히 잘 살아지리라고 착각해서는 안 됩니다. 가만히 있으면 잘 살아지는 것이 아니고 죽을 고생을 해야 잘 살아진다는 뜻입니다. 여기서 '죽을 고생'이란 배우자를 자기의 종으로 삼지 말고, 내가 배우자의 종이 되겠다고 마음에 결정을 내리는 것입니다. 그때만 하나님께 영광을 올려 드리는 부부가 될 수 있습니다.

성경을 계속해서 읽어 보면 지금까지 살펴본 이야기가 다 이해됩니다. "내가 결혼하지 아니한 자들과 과부들에게 이르노니 나와 같이 그냥 지내는 것이 좋으니라"(8절). 혼자 사는 것이 좋다는 뜻입니다. 바울도 혼자 살았고, 예수님도 혼자 사셨습니다. 우리가 존경하는 분들은 거의 다 혼자 사셨습니다. 즉 독신의 모델은 예수님이요 바울인 것입니다.

독신자들이여, 자신이 결혼할 능력도 없고, 자격도 없어서 혼자 사는 것이라고 생각하면서 비굴함과 비참한 생각을 갖지 마십시오. 그것은 단지 열등감일 뿐 진정 복음을 깨달은 사람이라면 떳떳하게 살아야 합니다. 과부가 된 것도 떳떳한 것이고, 홀아비가 된 것도 떳떳한 것이며, 결혼하지 않고 사는 것 역시 스스로 결정한 것이기에 떳떳한 것입니다. 떳떳하게 사십시오. 결혼했다고 더 잘난 것 없고, 혼자 산다고 더 억울한 것도 없습니다.

그러나 "만일 절제할 수 없거든 결혼하라 정욕이 불같이 타는 것보다 결혼하는 것이 나으니라"(9절)고 바울은 말합니다. 억지로 참지는 마십시오. 자기 몸이 불타는데 어떻게 합니까? 자기 몸이 외로운데 어떻게 합니까? 그때는 결혼을 해야 합니다. 그리고 좋은 짝을 만나면 결혼해야 합니다.

10-11절은 "결혼한 자들에게 내가 명하노니 (명하는 자는 내가 아니요 주시라) 여자는 남편에게서 갈라서지 말고 (만일 갈라섰으면 그대로 지내든지 다시 그 남편과 화합하든지 하라) 남편도 아내를 버리지 말라"고 말합니다. 괄호를 친 이유는 주님의 명령이니까 잘 들으라는 것입니다. 결혼은 자유요 선택입니다. 그러나 성경은 결혼했다면 각오하라고 말합니다. 부부들이여, 어떤 경우에도 헤어지지 않겠다고 각오했습

'나는 독신이다.' 혼자 그렇게 생각하지 마십시오. 사람은 언젠가 누구나 독신이 됩니다. '나는 과부(홀아비)다.' 혼자 그렇게 생각하지 마십시오. 사람은 언젠가 누구나 과부(홀아비)가 됩니다. '나는 고아다.' 혼자 그렇게 생각하지 마십시오. 고아란 따로 없습니다. 사람은 언젠가 누구나 고아가 됩니다.

인간이란 깨지기 쉬운 그릇이라는 사실을 항상 기억해야

합니다. 인간은 대단한 존재가 아닙니다. 누구든지 실수할

수 있고, 자기를 지키지 않으면 쉽게 무너질 수밖에 없는

존재입니다.

니까? 오늘날 부부가 이혼을 많이 하는 이유는 각오하지 않고 결혼 생활을 시작했기 때문입니다. 싫으면 그만두겠다는 것이지요.

"그 나머지 사람들에게 내가 말하노니 (이는 주의 명령이 아니라) 만일 어떤 형제에게 믿지 아니하는 아내가 있어 남편과 함께 살기를 좋아하거든 그를 버리지 말며 어떤 여자에게 믿지 아니하는 남편이 있어 아내와 함께 살기를 좋아하거든 그 남편을 버리지 말라"(12-13절). 이것도 사도 바울의 권면입니다. 생각해 봅시다. 예수님을 안 믿는 사람들끼리 결혼을 했는데, 어느 날 아내가 예수님을 믿게 되었습니다. 그러면 예수님을 안 믿는 남편을 버리지 말고 데리고 살라는 것입니다. 반대의 경우에도 예수님을 믿게 된 남편은 예수님을 안 믿는 아내를 버리지 말고 데리고 살라는 것입니다.

"믿지 아니하는 남편이 아내로 말미암아 거룩하게 되고 믿지 아니하는 아내가 남편으로 말미암아 거룩하게 되나니 그렇지 아니하면 너희 자녀도 깨끗하지 못하니라 그러나 이제 거룩하니라 혹 믿지 아니하는 자가 갈리거든 갈리게 하라 형제나 자매나 이런 일에 구애될 것이 없느니라 그러나 하나님은 화평 중에서 너희를 부르셨느니라 아내 된 자여 네가 남편을

194

구원할는지 어찌 알 수 있으며 남편 된 자여 네가 네 아내를 구원할는지 어찌 알 수 있으리요"(14-16절).

예수님을 안 믿는 남편과 함께 사시는 아내들은 남편을 구박하지 마시기 바랍니다. 아내 때문에 남편이 구원받을지 누가 알겠습니까? 반대로 남편 때문에 아내가 구원받을지는 아무도 모르는 것입니다.

"오직 주께서 각 사람에게 나눠 주신 대로 하나님이 각 사람을 부르신 그대로 행하라 내가 모든 교회에서 이와 같이 명하노라 할례자로서 부르심을 받은 자가 있느냐 무할례자가 되지 말며 무할례자로 부르심을 받은 자가 있느냐 할례를 받지 말라 할례 받는 것도 아무것도 아니요 할례 받지 아니하는 것도 아무것도 아니로되 오직 하나님의 계명을 지킬 따름이니라"(17-19절).

결혼하는 것도 중요하지 않고, 혼자 사는 것도 중요하지 않다는 뜻입니다. 가정은 소중합니다. 그러나 가정이 우상이 되어서는 안 됩니다. 가정은 우리에게 주어진 하나님의 섭리이므로 자녀들과 배우자와 함께 잘 살아가야 합니다.

기혼자들은 결혼하기로 결정하여 이왕 결혼했으니 그 틀에서 하나님의 영광을 찾으십시오. 혼자 살기로 결정했다면, 혹 결혼했다가 홀로 살 입장이 되었다면 그것도 좋은 것이니 그 대로 사십시오.

"오직 주께서 각 사람에게 나눠 주신 대로 하나님이 각 사람을 부르신 그대로 행하라"(17절), "각 사람은 부르심을 받은 그 부르심 그대로 지내라"(20절), "형제들아 너희는 각각 부르심을 받은 그대로 하나님과 함께 거하라"(24절).

이제 바울은 결혼에 대하여 결론을 내립니다. 다 받은 은사대로 살라는 것입니다. 결혼을 한 사람은 결혼한 대로, 혼자 사는 사람은 혼자 살아가십시오. 혼자 사는 사람이 외로운 것만큼 결혼한 사람에게는 갈등이 많습니다. 더 많은 고통과 아픔과 인내를 대가로 치르고 살아갑니다. 그것이 부부 생활인 것입니다. 똑같습니다. 혼자 살기 때문에 더 억울할 것도, 분할 것도, 외로울 것도 없습니다.

우리에게는 하나님밖에는 소망이 없습니다. 하나님만을 위해 사는 것이 유일한 소망입니다. 결혼한 사람도 하나님을 위하여, 혼자 사는 사람도 하나님을 위하여 살아야 합니다.

"주 안에서 부르심을 받은 자는 종이라도 주께 속한 자유인이요 또 그와 같이 자유인으로 있을 때에 부르심을 받은 자는 그리스도의 종이니라 너희는 값으로 사신 것이니 사람들의 종이 되지 말라 형제들아 너희는 각각 부르심을 받은 그대로 하나님과 함께 거하라"(22-24절). 결혼했든 혼자 살든 가장 중요한 것은 자유입니다. 결혼했다면 종이 되지 말고 자유를 누리십시오. 혼자 산다면 자유를 누리십시오. 우리 마음속 자유를 빼앗기면 다 빼앗기는 것입니다.

"처녀에 대하여는 내가 주께 받은 계명이 없으되 주의 자비하심을 받아서 충성스러운 자가 된 내가 의견을 말하노니 내 생각에는 이것이 좋으니 곧 임박한 환난으로 말미암아 사람이 그냥 지내는 것이 좋으니라"(25-26절). 처녀들에 대한 바울의 생각은 처녀로 있는 것이 좋지만 할 수 없이 결혼해야 한다면 결혼하라는 것입니다. 혼자 사는 것은 잘못된 것이 아니라고 말합니다.

"네가 아내에게 매였느냐 놓이기를 구하지 말며 아내에게서 놓였느냐 아내를 구하지 말라 그러나 장가가도 죄 짓는 것이 아니요 처녀가 시집가도 죄 짓는 것이 아니로되 이런 이들은 육신에 고난이 있으리니 나는 너희를 아끼노라"(27-28절). 아내는 결혼하면 아기를 낳는 고통이 있을 것이고, 남편은 아내와 자녀를 먹여 살려야 하는 고통이 있을 것입니다. 결혼하면 육신의 고통이 있을 것이니 각오하고 결혼하라는 것입니다.

"형제들아 내가 이 말을 하노니 그때가 단축하여진 고로 이후부터 아내 있는 자들은 없는 자같이 하며 우는 자들은 울지 않는 자같이 하며 기쁜 자들은 기쁘지 않은 자같이 하며 매매하는 자들은 없는 자같이 하며 세상 물건을 쓰는 자들은 다 쓰지 못하는 자같이 하라 이 세상의 외형은 지나감이니라"(29-31절). 결혼한 사람은 결혼하지 않은 것처럼 살고, 결혼하지 않은 사람은 결혼한 것처럼 살고, 물건이 있는 사람은 물건이 없는 것처럼 살고, 물건이 없는 사람은 물건이 있는 것처럼 살라고 말합니다. 다 똑같다는 뜻입니다. 이것이 우리 인생을 결정하는 요소가 아니라는 뜻입니다. 우리의 인생을 결정하는 분은 하나님이시고, 우리에게 중요한 것은 얽매임이 아니라 자유입니다.

"너희가 염려 없기를 원하노라 장가가지 않은 자는 주의 일을 염려하여 어찌하여야 주를 기쁘시게 할까 하되 장가간 자는 세상일을 염려하여 어찌하여야 아내를 기쁘게 할까 하여 마음이 갈라지며 시집가지 않은 자와 처녀는 주의 일을 염려하여 몸과 영을 다 거룩하게 하려 하되 시집간 자는 세상일을 염려하여 어찌하여야 남편을 기쁘게 할까 하느니라"(32-34절). 물론 시집가지 않은 사람도 하나님을 잘못 믿으면 고민이 많습니다. 그러나 일반적으로 시집가지 않은 신자는 남편을 기쁘게 하는 일보다는 하나님을 기쁘시게 하는 일에 자신의 전 생애를 바칠 수 있습니다.

"내가 이것을 말함은 너희의 유익을 위함이요 너희에게 올무를 놓으려 함이 아니니 오직 너희로 하여금 이치에 합당하게 하여 흐트러짐이 없이 주를 섬기게 하려 함이라"(35절). 고린도전서 7장이 우리에게 올무가 되지 않기를 바랍니다. 바울은 오직 유익을 위하여 이 이야기를 한 것입니다. 다시 말해, 결혼과 혼자 사는 것의 의미를 잘 깨닫고, 그로 인해 불필요한 시간이나 감정 낭비, 돈 낭비를 하지 말라는 뜻입니다. 즉 하나님께 영광을 올려 드리라는 것이지요.

"그러므로 만일 누가 자기의 약혼녀에 대한 행동이 합당하지 못한 줄로 생각할 때에 그 약혼녀의 혼기도 지나고 그같이 할 필요가 있거든 원하는 대로 하라 그것은 죄 짓는 것이 아니니 그들로 결혼하게 하라 그러나 그가 마음을 정하고 또 부득이한 일도 없고 자기 뜻대로 할 권리가 있어서 그 약혼녀를 그대로 두기로 하여도 잘하는 것이니라 그러므로 결혼하는 자도 잘하거니와 결혼하지 아니하는 자는 더 잘하는 것이니라"(36-38절). 언뜻 보면 결혼하라는 말인지, 하지 말라는 말인지 잘 이

해가 안 됩니다. 정리하면, 결혼하고 싶은 사람은 하고, 결혼하고 싶지 않은 사람은 하지 말라는 뜻입니다.

"아내는 그 남편이 살아 있는 동안에 매여 있다가 남편이 죽으면 자유로워 자기 뜻대로 시집갈 것이나 주 안에서만 할 것이니라 그러나 내 뜻에는 그냥 지내는 것이 더욱 복이 있으리로다 나도 또한 하나님의 영을 받은 줄로 생각하노라"(39-40절). 바울은 과부에 대해서 말합니다. 남편이 죽어서 자유로워지면 자기 뜻대로 재혼하십시오. 좋은 사람을 만나면 재혼해서 하나님께 영광을 돌려 드리십시오. 주 안에서 하십시오. 그러나 바울은 그냥 사는 것도 좋다고 권합니다.

"더욱 복이 있으리로다 나도 또한 하나님의 영을 받은 줄로 생각하노라"라는 바울의 말로 고린도전서 7장은 끝이 납니다.

처녀에 대하여, 과부(홀아비)에 대하여, 독신에 대하여, 결혼한 사람들에 대하여 바울은 많은 권면을 했습니다. 우리는 결혼을 했든지, 독신으로 살든지 누구에게나 가정이 있습니다. 부모가 있고 형제자매가 있습니다. 우리의 가정을 통하여 하나님께 영광을 올려 드리기를 바랍니다.

독신으로 사는 것은 잘못된 것이 결코 아닙니다. 우리가 자녀를 결혼시키는 데 있어서, 가정을 꾸려 가는 데 있어서 어떤 상황에 처하든 가장 중요한 것은 하나님의 영광을 위하여 사는 것입니다. 혹시 남편이 예수님을 잘 안 믿거나 아내가 예수님을 잘 안 믿을 수 있습니다. 그로 인해 시험에 들지 마십시오. 아내 때문에 남편이 구원받을지 누가 알며, 남편 때문에 아내가 구원받을지 누가 알며, 또한 부모 때문에 자녀들이 하나님의 종으로 부름 받을지 누가 알겠습니까? 모든 축복의 가능성을 다 열어 놓으십시오.

결혼하면 결혼한 대로, 혼자 살면 혼자 사는 대로 하나님이 축복하십니다. 하나님은 혼자 사는 것을 통하여 축복하시며, 결혼한 것을 통하여 축복하시며, 그리고 우리의 삶과 가정을 통하여 영광을 받으십니다. 가정은 하나님의 아이디어임을 기억하십시오.

독신자들이여, 자신이 결혼할 능력도 없고, 자격도 없어서 혼자 사는 것이라고 생각하면서 비굴함과 비참한 생각을 갖지 마십시오. 그것은 단지 열등감일 뿐 진정 복음을 깨달은 사람이라면 떳떳하게 살아야 합니다.

과부가 된 것도 떳떳한 것이고, 홀아비가 된 것도 떳떳한 것이며, 결혼하지 않고 사는 것 역시 스스로 결정한 것이기에 떳떳한 것입니다. 떳떳하게 사십시오. 결혼했다고 더 잘난 것 없고, 혼자 산다고 더 억울한 것도 없습니다.

가정은 소중합니다. 그러나 가정이 우상이 되어서는 안 됩니다. 가정은 우리에게 주어진 하나님의 섭리이므로 자녀들과 배우자와 함께 잘 살아가야 합니다. 기혼자들은 이왕 결혼하기로 결정했고 결혼했으니 그 틀에서 하나님의 영광을 찾으십시오. 혼자 살기로 결정했다면, 혹 결혼했다가 홀로 살 입장이 되었다면 그것도 좋은 것이니 그대로 사십시오.